差異化教學

林佩璇・李俊湖・詹惠雪　著

作者簡介 *About the Authors*

林佩璇

現　　　職：國立臺北教育大學課程與教學傳播科技研究所教授

學　　　歷：國立臺灣師範大學教育學系博士

　　　　　　University of Illinois at Urbana-Champaign 哲學博士候選人

經　　　歷：國立臺北教育大學課程與教學研究所副教授

　　　　　　臺灣省國民學校教師研習會教務組長

　　　　　　國民小學教師

　　　　　　University of Wisconsin-Madison 訪問學者

學術專長：合作學習、教學理論與實踐、課程發展與評鑑、教師行動研究

專　　　著：《課程行動研究》、《學校本位課程：發展與評鑑》、《合作學習》

　　　　　　另有專論數十篇

李俊湖

學　　　歷：國立臺灣師範大學教育學系博士

經　　　歷：國家教育研究院教育人力發展中心主任

　　　　　　國家教育研究院籌備處教務組長

　　　　　　臺灣省國民學校教師研習會輔導員、教務組長、副主任

　　　　　　國民小學教師

學術專長：教師專業發展

詹惠雪

現　　職：國立清華大學教育與學習科技學系副教授

學　　歷：國立臺灣師範大學教育學系博士

經　　歷：國立新竹教育大學教育學系副教授、助理教授

　　　　　國立花蓮教育大學初等教育學系助理教授

　　　　　國民中學教師

學術專長：課程理論與設計、教學理論與設計、高等教育、師資教育

序 *Preface*

科技發展與社會變遷導致學生學習之差異性日益擴大，基於公平教育之理念，照顧所有學生之學習是落實教育理想的最高目標，此不僅是十二年國教的重要議題，也是差異化教學的理想。

任何教學不只是師生行為的改變，也是教師教學實踐哲學的表態。差異化教學延續個別化教學的理念，早期多運用於特殊教育的教學需求；而後 C. A. Tomlinson 倡導於一般教室中；近年來從多元文化觀點，認為學生差異不只是智能上的差別，而應從文化立場正視差異的特性。本書試圖就此脈絡分為三篇，探討差異化教學的理念及實踐特性。

第一篇為基本理念，分為十章，首先探討差異化教學的重要性、發展背景和定義；而後闡述學習者差異化特質；接著就課程、教學策略及評量角度分析差異化教學的方法與策略；進而論述教師知能及學校整體推動差異化教學的做法。第二篇為教學實例，分為三章，以三位國小教師實施的差異化教學作為引例，分別說明小學四年級教師的數學分數單元的差異化教學，六年級教師國語文閱讀的差異化教學，及國小六年級教師實施英語差異化教學的實例。第三篇為文化回應觀，共有二章，在闡明教學實踐是文化的中介活動，面對多元的社會，學生文化背景迥異，差異化教學及文化回應相輔相成。本篇除了探討文化回應差異化教學理念外，並以美國一所小學的差異化教學為例，從作者實地經驗中分享見聞，反思教學實踐的特性。

本書第 1 章至第 10 章由李俊湖主筆，第 12、13 章由詹惠雪主筆，第 11、14、15 章由林佩璇撰稿。本書得以付梓，感謝許燕萍、李惠娉、陳怡靜三位教師差異化教學行動研究，並樂於分享教學經驗，作為扎根對話平台。感

謝馬鈺真付出許多時間精力協助聯繫和校稿，王淳、楊芊穎和洪宜伶的協助也
一併致謝！最後，感謝心理出版社林敬堯先生慨然協助出版，陳文玲小姐費心
編輯。尚祈先進不吝指教。

林佩璇、李俊湖、詹惠雪　謹識

2017 年 6 月

目次 *Contents*

第一篇
基本理念

近年來，社會環境變遷與人口結構的改變，已經逐漸影響教育現場。據教育部（2015）統計資料指出：新移民子女就讀國中、小學生數，在 93 學年時為 4 萬 6 千人，至 103 學年人數已達 21 萬 1 千人，10 年來成長 16 萬 5 千人，占國中小學生數之比率亦由 1.6％快速增加至 10.3％；其中國小一年級新生數，平均約每 11 位國小新生即有 1 人為新移民子女。由於新移民人數增加，顯示臺灣學生的文化差異必然日益擴大，教師也必須加強多元文化的知能，以因應學生的差異性。

其次，學生學習成就表現也有明顯差異，黃敏雄（2014）指出：臺灣學生數學表現懸殊程度有日益擴大的趨勢，這樣的現象甚至出現在班級之內。在臺灣的小四階段，班級內學生的數學表現相當一致，但是到了國二就有很大的差別，班級內數學成就參差不齊的現象，遠比其他國家嚴重。以 2011 年的國二學生為例，臺灣班級之內數學表現懸殊程度是新加坡或英格蘭的 2.3 倍，是美國的 2 倍，是香港或澳大利亞的 1.8 倍，是俄國或義大利的 1.5 倍。尤其在十二年國民基本教育實施後，個別高中招收的學生，程度差異將更為擴大，教師必須調整教學模式，以因應學生的落差。

上述現象不僅是我國的問題，目前在美國學校內，也是由多樣學習差異的學生組成，他們來自不同社經背景與文化傳統，有複雜廣泛多樣的文化、經濟，以及男女性別、動機、興趣等等的差異。加上隨著移民家庭增加，更擴

大文化多樣性，預計到 2035 年時，非白人背景的學生將占多數，其中有半數學生來自單親家庭，他們在語言掌握度上有落差，其學習速度也將快慢不一（Tomlinson et al., 2003）。顯而易見，學生的差異度隨著社會文化的發展必然日益擴大，教學如未能及時調整因應，將無法有效協助學生學習。

同樣的，Gregory 與 Chapman（2013, p. 4）也指出：當前的教育面臨更大的變遷與挑戰。過去，教師只要具備豐富的知識基礎及教育理念，就能帶著期待走入教學專業。但是現在，教師面對一個具有挑戰性及持續改變的教學場景，有許多不斷地衝擊與影響課堂教學的因素，例如：（1）各州共同核心標準（common core state standards，簡稱 CCSS）為基礎的課程：由國家或各州制定學習的預期目標；（2）面對高度期望的學生：要能不讓任何學生落後，及人人獲得成功；（3）文化多樣性：新移民子女不斷湧入，面臨英語溝通技巧或能力不足問題，但也顯示文化多樣性；（4）學生的多樣性：學校內有越來越多具備獨特的學習偏好和不同多元智能優勢的學生；（5）在人類學習上持續出現新認知的研究：如有關大腦記憶運作及意義產生的研究發現日益增加；（6）迅速的社會變遷和技術變革：如政治和經濟革新影響學習內容與方法，在社會互動面臨新的壓力和挑戰。

另一位學者 Blaz（2006, p. 1）也提到，目前的教育出現下列現象：（1）逐漸強調依據測驗和標準的評量；（2）基於大腦研究調整教學策略；（3）重視並善加利用多種學習方式；（4）從課程內容到學生展示學習成果的典範轉移；（5）突飛猛進的科技發展；（6）由學科能力分流轉變為多元並存的教室；（7）關注差異化教學及課堂效能。

雖然，學生有學習上的落差是常態，然而隨著社會的發展，價值觀日益多元化；再者，現在教師面對的學生，是處於網路無所不在以及資訊爆炸的時代，其生活經驗與價值觀也有極大差異，因而在教學上如何讓學生有效學習是一項嚴峻的挑戰。因此，教師提供學生適性的教學，不僅對教師而言是一項重

大的挑戰，也自然成為教育學者關注的重心。O'Brien 與 Guiney（2001）認為傳統的教學模式，其固有的假設為：所有的學習者具有相同學習才能、能力和潛力，也認為學生學習速度是以同一步伐前進，而大家都接受這樣的定義。但是，學習理論和個人經驗卻告訴我們，學習者是多樣性的。因此，教師應該思考如何超越學生同化（accommodation）觀點，進而採取調適（adaptation）或差異化（differentiation）的策略，成為積極、激勵、創意、活力和能及時回應學生的調解者（mediator）。這種想法不僅是理念，在實際上也是必要的，他們強調英國已在教育上立法規範：「所有兒童都有權利接受廣泛、平衡、相關和差異化的課程」。換言之，提供學生差異化的課程以滿足學生需要，不僅是教師應具備的教育理念，更是學生應有的權利。

　　基於上述說明，可以瞭解差異化教學重要之原因在於：伴隨社會發展與變遷，導致學生價值觀、文化背景、學習表現、生活經驗、學習習慣及家庭和社區支持等方面的明顯改變，教育工作者必須在課程與教學上提供最佳教學協助，以滿足教室內學生不同的需求。差異化教學（differentiated instruction）就是滿足上述需求的一種教學思考，其背後的理念可以圖 1-1 來呈現：在基於學

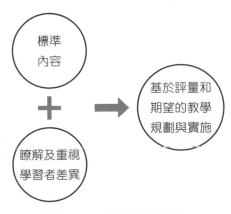

⊃ 圖 1-1　差異化教學理念

資料來源：翻譯自 *RTI with differentiated instruction, grades K-5: A classroom teacher's guide*（p. 27), by J. O'Meara, 2011, Thousand Oaks, CA: Corwin Press。

習標準與內容的前提之下，理解學生學習準備度及特質上差異，規劃符合學生需求的教學與評量，以發展所有學生的潛能，達成預期的目標。

　　Blaz（2006）認為：差異化教學不是一個方法，也無一套固定標準規範，而是思考教學和學習的一種方式，它可以轉換成課堂實踐的不同形式，但仍有一些基本原則和可供區別的特點。O'Brien 與 Guiney（2001）也認為差異化不僅是工具及過程，更是教師的信念與態度。如果從系統觀點及學習成效來看，差異化應該涵蓋課程規劃、瞭解學生、教學及評量設計，以及課堂與學校環境等重點。因此，本篇內容由差異化意涵理論，進而論述學習者差異化特質，然後就課程、教學策略及評量角度來討論如何因應，進而敘述由教師知能至學校整體推動差異化教學應有的態度與做法。

Chapter 2 差異化教學發展背景

　　差異化教學是當今教育領域中最常使用的用語之一（O'Meara, 2010），在各項研討會及學校教師對話中也是經常討論的主題，利用搜尋引擎可發現超過 106,000 個網站提到有關差異化教學的定義。教育上雖然有如此多的討論，但對於差異化教學仍有許多尚待討論的議題。以下分別由差異化教學的發展背景及論述基礎，來理解差異化教學的意涵。

壹　差異化教學發展背景

一、醞釀期

　　Yatvin（2004）指出早期教學著重於將學科知識傳遞給年輕的下一代，所有學生都學習相同的內容，一體適用（one size fits all）的教學，理所當然成為教育的主流。二十世紀初期，教育是兒童與生俱來的權利，以及學習是思考、創意及解決問題的觀點逐漸受到重視時，差異化教學逐漸走入教育視野中。1930 至 1950 年代常見的教學型態為分組教學，但基本上仍是根源於分流的概念。

　　二十世紀中葉後，教科書普及，分組仍是差異化的教學方式之一。若學生落後太多，就讓他們花長一點時間精熟課程內容（Yatvin, 2004）。O'Meara（2010）認為差異化教學的概念可回溯到 1950 年代，回應學生需求的個別化教學（individualized instruction），當時把個別化教學與差異化教學視為相同的概念。Yatvin（2004）也認同此種看法，認為在 1960 年代受到個別化教學及開放教室（open classroom）的影響，符合學生需求的差異化教學出現。1970 年代，受建構主義（constructivism）的影響，把學生動機視為學習的關鍵，學生能自行建構其心靈架構，此時更加強調差異化教學。

　　差異化教學另一淵源來自資優教育（gifted education），Fogarty 與 Pete（2011）說明在 1980 年代初，由於家長們呼籲在教學上提供資賦優異學生更多的協助，因而開始針對高智力或高智商（IQ），以及在特定領域具有高成就能力的學生進行篩選。之後，轉而專注於高智力或單一學術方面的潛力，提供資賦優異學生差異化的課程與教學，因此，差異化也逐步出現在文獻與課程指引中。因應這些學生需要，規劃與一般課程有明顯區分的課程就因應而生，逐漸發展出適合資優的差異化課程。

　　在資優教育發展初期，市場上雖然出現許多創新的課程和方案，但是它們的重點多在問題解決的方法、高層次思考和社區公民導向的活動。儘管這些方案能激發學生的激情，並提供強大的真實學習經驗，然而較為可惜的是與教學連結者不多。直至差異化教學的領導者 Tomlinson 在維吉尼亞大學進行資優教育研究後，延伸初期重點，發展出差異化的教學概念，並將其範圍擴展至所有學生的需求上，因而逐漸受到教育界的重視（Fogarty & Pete, 2011）。誠如 Blaz（2006, p. 2）所指：「差異化教學的觀念並不新，運用於資賦優異學生至少有二十年發展，在八至十年前用於特殊教育，現在則運用於全體學生」。

二、發展期

　　1980 年代因多元智能（multiple intelligences）、合作學習（cooperative learning）、學習風格（learning style）及統整課程（integrated curriculum）等概念已普遍運用於課堂教學上；再加上推動特教回歸主流及資優教育的理念，教師也瞭解學生具有獨特的特質；同時伴隨著教學重點由課程逐漸轉向學生學習，導致心理學家、教師及家長開始重視理解學生學習類型、程度、能力與興趣，以及文化對於學生學習的影響等議題（Yatvin, 2004）。

　　至 1990 年代，有關腦部及學習知識的研究發展十分迅速，對個人學習風格的瞭解，包括情緒與環境影響、心理過程及記憶資訊、先備知識的重要、提升教室學習或阻礙學習的瞭解、教師角色扮演與學生關係，以及特定藥物改變學生注意力等神經科學領域的研究，這些都對於教室內學習產生重要的影響（Benjamin, 2002, p. 17）。教師逐漸理解學生學習的差異，且有提供學習支持與協助的共識。Bender（2012）也認為：一般教室內有許多學習障礙之學生，或許因為屬於輕度障礙而不易發現；而差異化教學則是基於一般教室內教師，為了回應不同學習者學習之需要，所發展出教學因應的作為。他進一步指出：此教學理念主要來自 Gardner 的多元智能以及腦相容（brain-compatible）理論。上述理論重視學生不同的學習風格，並鼓勵教師考慮學生的獨特學習樣式，然後展現差異化教學活動，以滿足學生不同的學習方式。Tomlinson 則以整合內容、過程與結果三個重點來整體協助學生學習，早期教師多以此作為差異化教學的觀點，用來調整學習內容、過程及結果，以滿足所有學生的學習需求。在教學歷程中，師生關係及先備知識是學習能否有效的關鍵因素，因而師生關係以及學生擁有的先備知識，也被認為是差異化教學的基礎。換言之，能掌握上述因素，才能建立良好正向的師生關係，也才能比較完整的理解學生知識、能力、學習風格和喜好，並以此提供有效差異化教學的依據。

三、擴展期

邁入二十一世紀後，因為標準（standards）及績效責任（accountability）的要求，期待透過環境塑造、教學方法及高品質的教學活動，讓學習落後的學生達到預期標準的政策要求。加上另一股延續 1980 年代學生學習為中心的理念，強調學生獨特性，進而重視學生興趣、個性、能力及家庭文化等因素的呼籲日益高漲。因此，大家更加重視差異化教學（Yatvin, 2004），差異化教學理念也更為多元，如 Bender（2012）提到：差異化教學概念以 Gardner 多元智能理論為基礎，但是目前已超越多元智能理論的觀點，以更廣泛的學習方式和學習的偏好來看待。換言之，差異化教學多提到能力、智能或學習風格與偏好的差異，多數教育人員也認同多種學習方式會影響其學習參與及成就，而差異化教學的確能提供多樣的學習活動，以滿足學生學習上的差異。因此，今天有關差異化教學的討論，已經更廣泛地專注於在異質或同質班級中學習風格上的差異，以及其所進行的個別化與小組的學習。

這些轉變也受到學習生理學的研究發展之影響。生理學（physiology）和神經化學（neurochemistry）在語文及數學領域之理論與實務上，都提供差異化教學許多重要的啟示。其次，來自腦相容的學習研究也提供更為堅實的理論基礎。多元的研究帶給差異化教學更多的教學建議，也影響差異化教學方法與典範上的變化。如有些差異化著作中並未提及多元智能的觀點；有些論述則在多元智能理論外，另增加其他學習風格的討論，此說明差異化已轉向至更為多樣化學習方式的觀點，同時也注意到教室內學生其他特質的差異，並據此形成更廣泛的差異化教學小組（Bender, 2012）。

差異化教學另一項轉變在於概念上的突破 —— 超越早期提到內容、過程及結果三個重點，更關注於尊重學習者，蘊含實質內容且吸引學生的課程規劃，基於學生的興趣、準備度及學習偏好考量的教學設計，達成學術任務的彈

性分組以及持續評量和營造積極的學習環境等做法。隨著這些領域的不斷擴展，差異化教學理念也隨時間推移持續豐富化。近來，差異化教學的理念又因應科技的進步與介入反應模式（response to intervention, RTI）二種因素，越來越常於課堂上運用科技，透過電腦資訊、社會網絡及電腦課程作為教學輔助，這些發展特別符合差異化教學所強調要考慮學生學習風格、優勢，因而在課堂上呈現一個完全差異化的教學計畫已經成為可能。

換言之，基於個別化的需要，針對學生的個性化需求及學術水平，透過精心設計的課程，進行個別化教學已化為實際。尤其透過現代電腦控制，以電腦程式設計適合學生參與及需求的課程中，教師可以改變提供給學生課程的刺激量，進而解決不同學習風格有關的因素；也可以變動問題呈現的樣式（例如，顏色、聲音或動畫的使用），提供多層次教學協助及呈現多樣化課程。除科技發展外，另一項教學革新就是介入反應模式，RTI 提供多層次補救教學（supplemental instruction），以保證學生在課堂教學的需求得到滿足，也確保他們的學習成效能達到各州共同核心標準（CCSS）的目標。

差異化教學與介入反應模式（RTI）兩者關係，是互相隸屬還是相互替代的概念，各有不同的觀點，O'Meara（2010）則認為 RTI 在瞭解學生的反應與介入，然後提供差異化的教學。兩者應該是相互依賴，而且是循環的整體，兩者關係構成課程與教學的整體歷程（圖 2-1）。他認為：差異化教學依據資訊計畫與實施教學，RTI 則研究教學的結果，並進而作為差異化教學的決定，兩者並無起點與終點之分，而是相互影響，因為學生如果未能獲得成功經驗，就必須確認未能成功的因素，然後提供學生更多的支持。

從差異化教學發展歷程來看，早期與個別化教學及資優教育發展有關，近年來則已擴展至普通班級教學。正如 O'Meara（2010）提到的：目前個別化教學的觀點仍然存在，個別化固然是差異的一種面向，然而教師在人數眾多的班級內並不易實施個別化；可是差異化卻具有可管理性與實踐的可能性，也能處理班級內學生的差異問題。基於這些基礎，加上後來研究的發展及學者的努

教學與課程

差異化教學　介入反應模式

⊃ **圖 2-1　差異化教學與介入反應模式關係**

資料來源：翻譯自 *Beyond differentiated instruction* (p. 122), by J. O'Meara, 2010, Thousand Oaks, CA: Corwin Press。

力，對差異化教學產生新的理解，不僅重視學習的生理層面，更加上利用現代教學科技、各州共同核心標準和 RTI 的差異化，共同整合成新的教學。

貳　差異化教學的論述基礎

Bricker（2008）主張差異化教學的基礎來自建構主義；Rodrigue（2012）認為建構主義學者 Piaget、Vygotsky 及 Thorndike 等人的論點，都與差異化教學理論有關；Dorn 與 Soffos（2005）提到差異化教學理論與自我調整（self-regulation）及遷移（transfer）有關；Luster（2008）認為差異化教學理論是一個學習理論，其理論基於學生在準備度、興趣及學習風格上的差異，因而需要調整課程教學，以適應學生需求。Waterman（2007）也自建構主義、學習者中心教學（learner-centered instruction）、逆向課程設計（backward curriculum design）、開放性解題（open-ended [type v] problem solving）等學習哲學與理論來支持差異化民主教室的基礎。吳清山（2012）則認為：差異化教學就是讓教師教學與學生學習能夠產生有效的連結，它是建立在腦力研究（brain-based research）、學習風格與多元智能（learning styles and multiple intelligences）及真實性評量（authentic assessment）等理論基礎之上；另外 Tomlinson 的研究也對於差異化教學發展有其重要貢獻。以下，本文擬自哲學、生理學及心理學等較為廣泛的角度來理解差異化教學的理論。

一、哲學

歐洲哲學家 Jean-Jacques Rousseau 在其著作《愛彌兒：論教育》（*Émile: ou De I'éducation*）中，提出激進與浪漫主義的教育理念，認為孩子教育應該根據其自然本性，不經過文明的毀壞，容許其遵循自己的興趣。他主張孩子存在有其目的，不需要基於成人及社會的目的去操縱他。Yatvin（2004）認為 Rousseau 的理念影響美國的教育哲學。隨著二十世紀來臨，融合歐洲浪漫主義，Dewey 發展了進步主義（progressivism）的理念，強調孩子是教育的中心，學校是真實世界的代理人。Waterman（2007）提到：民主差異化的課堂是基於一些教育理念與實踐者啟發，主要來自於 Dewey 的著作《民主主義與教育》（*Democracy and Education*），向我們展示了培養學生，保護民主國家發展的重要性。在民主的課堂中，「學生是一個社區的成員，共享學習責任」是根本信念，教師與學生共同承擔班級領導的責任。這也意味著，學生能自由表達、選擇與質疑制度。教師則在民主的課堂中，運用民主、自由、責任和審慎思考，以促進學生學習。他們幫助學生發展後設認知理解的過程（學習如何學習），以及培養自主學習和終身學習的能力。

此外，教師必須認識平等與差異的關係。所謂「平等」，是指每個人都有相同的權利或機會，在相同的立足點上生活，是民主的基本概念之一。過去主張人類平等的學者認為所有人生而平等（all men are created equal），現今則認為每個人都應有相等的機會來完成最大可能的成就。將平等觀念應用在教育上即是「有教無類」與「因材施教」。因此，教育工作者應維護每個受教者不

因貴賤、貧富、宗教、種族、性別等因素，而有受教育權利與機會的差別。其次，「差異」是指：教育人員應衡量受教者在資質、興趣、能力、性向等方面的實際差別，針對每個學生的狀況安排不同的教學方法與教學內容，才能做到教育上真正的平等（方永泉，2000）。在進行差異教學時，與傳統的教學在觀念上和行為上有著很大的不同。實施差異化教學，必然會對學生有差異化的協助，不同的學生會在同一時間做不同的事，按不同的進度學習，有的學生在小組學習，有的單獨學習；其學習任務與難度也不同，容易引起家長和學生疑慮，有的教師自己也無法接受。因此，教師本身要對差異化有正確的瞭解，並多與家長和學生溝通，以消除其偏見，讓其瞭解每位學生都有自己的偏好及需要。差異化教學的目的，就是要瞭解學生的需求與興趣，並幫助學生在學校教育中取得成功。

二、生理學

透過大腦研究可以幫助我們瞭解哪些因素會影響學生學習，瞭解越多，越能有助於學生學習。Smith（1998, pp. 35-68）認為大腦研究對於學習提供許多可參考的資訊，例如隨著年齡的增長，我們越常使用大腦，越能激勵它成長。面對高標準的刺激和挑戰，有助於突觸（synapses）較高比例的連接到神經元（neurons），而連結更多的突觸，意味著多管道高階認知的運作。因此在學習上，積極參與多感官浸入式體驗，就是發展突觸的最佳條件。

壓力是影響學習的因素之一，學習的最佳條件包括正向的個人學習態度，以及高挑戰、低焦慮和自我質疑。但是，一旦面臨難以突破的挑戰時，就可能發展成為壓力。壓力會改變腦部化學與電位活動（electrical activity），進而影響學習。

此外，大腦能提供即時與教育性回饋，以改進教學；整合大腦不同領域的學習經驗是最有價值的；問題為中心的教學能促發大腦尋求資訊的傾向；我們

具有不同類型的智能；情緒和身體狀態可以幫助或阻礙學習過程；大腦會回應聽覺刺激和音樂，以及人類能儲存與擷取資訊等生理層面的研究發現，都有助於差異化教學的實施。

總之，神經認知的研究認為：學習會對大腦的發展與成熟產生影響，進而改變大腦的結構。學習特定任務似乎可以改變與這個任務相對應的大腦特定區域，這些研究發現大腦是一個動態的器官，其構造多取決於個人的體驗和行為。大腦會從我們平日閱讀以及生活經驗中尋找訊息的模式，幫助我們在先備知識和新資訊之間建立連結，這就是大腦學習或儲存新知識的過程。因此，每個人的學習是建立在理解、資源和興趣之上，學習一個主題並非全由無知開始，而是需要轉化已有的理解，把理解應用到新情境中。教師能幫助學習者理解、依據其理解展開教學、糾正他們的錯誤概念，以及在學習過程中觀察學習者並與學生互動，因此教師至關重要。

三、心理學

差異化教學受到建構取向（constructivist approach）的影響，主張學生是學習的中心，學習者能借助鷹架（scaffolding）及同化（accommodation）歷程來建構知識（Eady, 2008）。Vygotsky 與 Piaget 是二十世紀後半期主張建構取向的重要學者，他們強調學生能主動建構新知識的價值，肯定學習過程中每個學生的角色。建構理論包括：（1）學習者能建構自己的知識；（2）先備知識是新學習的基礎；（3）社會互動能豐富學習經驗；（4）真實的學習產生個人意義等主要觀點（Chapman & King, 2003）。

Brooks 與 Brooks（1993）也認為：好的教學應該讓學生自己提問，並自行找到答案。他們發現目前教學現場存在著一些問題，如教師講授太多、過度依賴教材、不鼓勵合作學習、貶低學生思考的價值，及相信學習者一定要前往相同的目標等問題。因此，他們主張以建構主義來解決上述問題，並強調教師

可以在課堂中,採取下列方法:(1)鼓勵學習者發展自主和主動性;(2)運用實際情境與教材;(3)依學習者的反應來促進學習;(4)瞭解學習者先前已理解的觀念;(5)鼓勵學生與教師及同儕一起進行對話;(6)鼓勵學生以詢問慎思及開放式的問題去思考和探究,並積極引導他們提問;(7)精緻地回應學習者的問題;(8)提供經驗,也鼓勵學習者參與討論。

Waterman(2007)依據 Brooks 與 Brooks 的論述,進一步加入民主差異化課堂觀點,呈現如表 2-1。

認知發展也是建構主義討論的重要議題,Bransford、Brown 與 Cocking(1999)指出發展是理解兒童概念形成變化的關鍵。認知變化不僅僅反映在資訊量的增加,還涉及概念重組的過程。許多研究發現,早期認知能力與學習相關,這些重要的發現有:

1. 孩子在早期就有學習某些事物的能力,有不能學某些事物的傾向:可學習的某些類別知識,稱之為特許領域(privileged domains),兒童能主動地瞭解他們的世界,尤其語言(最明顯)、生物和物理因果關係,以及數字等領域,可知兒童似乎有學習的偏愛。

2. 兒童雖是無知的,但並不笨:兒童缺乏知識,但他們能利用他們理解的知識進行推理學習。

3. 兒童是問題的解決者,因好奇產生困惑和問題:兒童試圖解決他們所面臨的問題,也尋求新的挑戰。他們堅持不懈,透過成功和理解來自我激勵。

4. 兒童很早就發展他們自己的學習能力 —— 後設認知:這種後設認知能力,使他們能夠計畫和監控成功的學習,以及修正錯誤。

5. 兒童天生的學習能力需要加以引導:兒童的早期能力有賴於促發和調節。成人在激發兒童的好奇心和增強兒童的堅持性上能扮演關鍵的角色,教育人員可以採取引導兒童的注意力、組織兒童的經驗、支援兒童學習的努力、調整資訊的複雜程度和難度等做法。

○表 2-1　傳統、建構與民主差異化課堂之比較

傳統課堂 （traditional classroom）	建構式課堂 （constructivist classroom）	民主差異化課堂 （democritic differentiated classroom）
教師使用部分到整體的方式呈現理念，並強調基本技能。	教師使用整體到部分方式呈現理念，強調重要概念。	教師與學生協作確定重要概念和理念，並協同引導教學。
教師嚴格堅持以單一標準和規範課程教學。	教師依據學生的問題教學。	教師不僅依據學生問題教學，且能協助學生提問後設認知問題。
教師依靠課本、練習冊和學習單。	教師提供基本的資料來源和具體的教材。	教師與學生一起或要求學生自己找教材。
教師視學生為空容器或空白板，他們可以填滿。	教師視學生為有價值的思考者，其思想和理論在整個學習過程都是重要的。	教師向學生展示，他們在學習的過程，通過合作視他們為思考者。
教師透過演講提供資訊。	教師是學習過程中的促進者或調節者。	教師促進學生發展成為課堂領導和規劃者。
教師認為有效學習就是獲得正確的答案（收斂推理）。	教師尋求學生觀點，讓他們知道如何以最佳方式處理迷思觀念及精熟。	教師以學生觀點去計畫與實施課程決定。
教師認為學習評鑑與教學是分開的。	教師透過不同真實性結果來評鑑學生學習。	教師與學生協同決定真實性評量結果。
教師指定個人學習。	學生分組學習。	學生以最適合他們的方式學習。

資料來源：翻譯自 *The democratic differentiated classroom* (p. 9), by S. S. Waterman, 2007, Larchmont, NY: Eye On Education。

　　顯然，認知發展涉及多種面向，Gardner（2006）提出多元智能概念，認為智能是一個複雜而且多面向的現象，並不能單從傳統的共通因素角度來看待。他指出：傳統上，學校只強調邏輯數學和語文（主要是讀和寫）的發展，智力測驗也僅涵蓋邏輯數學、語文和空間智能。但這並不是人類智能的全部。因此，Gardner 對智能的界定，提出多元智能觀點，這八種智能分別為語文、

邏輯數學、空間、音樂、肢體動覺、人際、內省及自然觀察智能，分別說明如下：

1. 語文（verbal/linguistic）：閱讀、寫作、口語和聽力。
2. 邏輯數學（logical/mathematical）：運用數字和推理的智能。
3. 空間（visual/spatial）：敏銳察覺形狀、形式、空間及它們之間的關係；能準確地感覺視覺空間。
4. 音樂（musical/rhythmic）：對音樂節奏、音調、旋律或音色較具敏感性。
5. 肢體動覺（bodily/kinesthetic）：生活中通過觸摸、動作、戲劇、操作，並使用各種運動技能處理資訊。
6. 人際（inter-personal/social）：與他人分享、合作、腦力激盪。
7. 內省（intra-personal/introspective）：單獨工作、自學、個別化的工作及後設認知。
8. 自然觀察（naturalist）：喜歡對自然環境觀察、分類。

多元智能理論說明每個人都具有一種以上的智能。有的人空間智能與自然觀察智能強，而語文智能稍弱；另有些人語文智能和人際智能強，而肢體動覺智能較弱。換言之，每個人都有他獨特的智能結構，但本質上並無優劣之別。因此，學校教學應該瞭解學生運用視覺、聽覺或動覺接收訊息的偏好，以及善用學生多元智能，在因應學生不同智能結構的基礎上，採取差異化教學策略，使學生得到充分的發展。

此外，教學搭配適切評量，才能有效促進學習。真實性評量能夠瞭解學生是否學到教授的內容，進一步調整課程及教學策略，以配合學生需求。因此，評量也必須是多元、彈性和適切的，且能評估學生持續的表現，才能有效協助學生學習。總之，真實性評量是差異化教學的重要內涵。

Chapter 3

差異化教學理念與定義

壹 差異化教學理念

　　Fogarty 與 Pete（2011）認為差異或差異化與下列術語有關，如個人化（personalized）、個別化（individualized）、客製化（customized）、裁量（tailored）、調配（tweaked）、調整（adjusted）、修改（modified）、調適（adapted）、調節（accommodated）、風格化（stylized）、操作（manipulated）及微調（fine-tuned）等。

　　差異化教學是基於教學標準並結合學生背景，經由系統性規劃，以回應學生的學習需求，進而達成學習目標的教學歷程。雖然差異化教學目前已逐漸為教育界接納，但其樣貌並不容易明確指出。O'Brien 與 Guiney（2001），以及 Gregory 與 Chapman（2013, p. 2）認為差異化教學的理念包括：（1）每一位學生都可以學習；（2）每一位教師也都能學習；（3）所有學生都能進步、有期望、能認知及被獎勵；（4）所有學生都有某些領域的專長；（5）所有學生都有部分領域需要增強；（6）每位學生的大腦都是如同指紋般的獨特；（7）學生會帶著先備的知識及經驗來學習新主題；（8）所有學生都有權利得到高

品質的課程；（9）學習是建立在相互關係的基礎上；（10）學生會以不同方式學習；（11）學習永遠不嫌遲；（12）情緒、感覺與態度會影響學習。

Fogarty 與 Pete（2011）主張差異化教學的概念涵蓋：

1. 在課堂實務上認同差異：本質上及實際學習面向上，每個學生都是不同的，教師應盡可能關注所有學生的學習。

2. 差異是根據學生學習需要來調整教學過程，包括整體、分組或個人。

3. 差異就是依據學生不同能力設定不同的學習任務；同意學生在學習結果上採取不同理解層次的回應；提供特殊學生更多協助；依個別化設定學習目標。

4. 差異化就是一個以學生為中心的方法，用來設計課程教學和評量，以適應學習者的需求和能力。

上述理念要轉化在課堂中實踐，才能展現差異化教學的面貌，而 Hamm 與 Adams（2013），以及 Tomlinson（1999）提到差異化教室及教學應呈現的原理原則為：

1. 教學重點在於核心概念（essentials）：首先，課程本身是具有吸引力的，教師要確保課程吸引學生，注意其一致性、重要性及整體性。因為教師不可能把所有教材的內容教給學生，而必須選擇重要的教學概念、原則與技能。因此，有些學生需要重要且基本的概念與技能，有些則學習重要且複雜的內容。換言之，教師應盡量讓每一位學生都學到有意義與有興趣的重點。因此，在有限的學習時間內，教師必須依據學生的需求，協助其獲得最大學習的可能性。

2. 教師關心學生的差異：每位學生專長、興趣與學習風格都有明顯差異，在尊重與受重視的環境中，教師不宜尋求統一的課程或教學方式，而是採取差異的課程與方法，盡可能地重視個人的發展，使學生獲得最佳學習成效。

3. 教師調整內容過程與結果：教師應該嘗試給學生稍微困難的任務，並給學

生支持或協助。有關學習課程內容、運用的教學策略環境及展現學習結果等面向，都需依據學生的需求適度因應調整，如對於學習較為緩慢的學生，提供其基本重要的學習內容，運用直導教學（direct instruction），以結構、具體、經驗及簡單流程幫助他們。但對於進度較快學生，則以複雜、開放、抽象、進階及多面向的活動與課程，讓其快速完成或進度慢但深入的探究學習主題。

4. 所有學生在受尊重的環境參與課程：教師瞭解學生個人的需求，在尊重學生差異的前提下，給予最適當的協助。

5. 師生協同學習：差異化的教室中，教師要瞭解學生，進行診斷，規劃課程，採取彈性的分組實施教學；學生也必須參與診斷，發展教室規則，體驗學習過程，這都需要教師與學生共同參與、一起發展。

6. 教師在團體與個人規範間取得平衡：教師要讓學生及家長瞭解學習過程中的個人目標及發展狀況，同時也要注意與協助學生加速發展的過程，讓每一位學生都能理解並運用所學技能。換言之，學生的學習應該讓其感到滿意、吸引、刺激和發人深省；所有的學生都應該找到有趣及有效的學習，也就是在有意義的學習過程中，達到學習目標。

7. 師生彈性地參與學習：學習過程不管在教材選擇、教學策略、分組方式等面向，均依據學生學習的情況彈性的調整，以因應學生的個人需求。譬如有時規劃團體學習，有時規劃個別學習的時間，隨時視情境需要進行彈性分組，由學生選擇參與團隊。

8. 評量與教學密不可分且是一個持續的過程：差異化課堂評量是診斷性與持續性的。評量並非是瞭解學生學習的終點，而是採取今日的評量是為明日的教學做準備的信念，故以討論、檔案、學習紀錄、前測、興趣調查、作業、學生意見、技能量表等作為評量工具。以前測瞭解學生知識及需求，然後教師實施差異化教學來符應學生的需求。在最後的評量階段，可採用測驗或方案作為評量策略，並根據發展程度來評定表現。總之，教師的評

量任務就是要支持與協助學生發展，否則學生一旦持續努力又看不到進步會感到挫折；如果目標遙不可及，無法看到努力的成果，學生也會感到沮喪。

至於教學中如何靈活運用各種原則，以達到教學目標，Fogarty 與 Pete（2011）提出以下三點原則：（1）改變：內容、過程及結果；（2）挑戰：情緒、注意及記憶；（3）選擇：結構內有自由等原則，來說明差異化教學的原理。他們認為：這三個元素能相互交織，才可確實實施差異化教學，提供學生有效的學習。首先，教師要改變教學，讓學習者易於學習。教師調整使用的資源、學習環境，以及課程的複雜程度。調整內容即是改變學生學習重點；改變的過程也涉及提供學習的替代方式，這意味著教師由指導教學轉向更協作結構和學生中心的教學歷程，如合作學習、探究和方案學習等方式；至於結果的改變則是指為學生提供展示多元選項的學習結果 —— 具體成品到真實表現。

其次，教師要挑戰學生的理解水平。提供學生適當的挑戰性，增進學習的理解與發展，以免學生覺得無聊沒趣，逐漸喪失學習的動機與興趣。

第三，讓學生在學習過程中能有選擇的機會。改變和挑戰必須結合選擇，選擇就是讓學生有機會嘗試不同的學習內容與方式。但這並非讓學生擁有決定一切的完全自由，而是在既定範圍結構內，讓其有選擇的空間。例如，在三本書中選一本閱讀，或者選擇 Gardner 八大智能之一來展示學習結果。讓學生擁有選擇權，代表學生能自主調整學習環境與期望的參數，並引發學生積極參與學習的歸屬感。

差異化教學具有許多教育上的價值，Benjamin（2002, pp. 21-23）也歸納說明其教學特點：

1. 開放目的：課程進行並非獲得答案，而是持續引導出更多的問題。
2. 學習方式：學生不僅學到知識內容，更能學到學習方法。
3. 同儕夥伴：實施期間教師會分享計畫、溝通理念、討論實施做法與反省鼓勵等方法，都可能促成教師間建立同儕夥伴關係。

4. 選擇：學生能選擇學習內容、學習方式及呈現學習結果的方式，以更貼近
真實的學習經驗。

5. 蘊含慣例與變化：教師教學要建立期望、提供安全環境與信任關係，除此
之外，學習也要變化，讓學生感受到愉悅的學習。

6. 多元評量：雖然教師常以自己的標準評量學生，但如果能讓學生以更廣泛
多元方式展現學習結果，將更能表現學生差異化的學習成就。

7. 多樣學習模式：想像、探究、事實、多種感官、科技及社會化等都是可採
行的學習方式。

8. 多種教學風格：教學語言及畫面豐富多樣，教師可依據實際需要調整。

總之，差異化教學最重要的部分是瞭解學生需要、瞭解學生已有及需要
學習的知識，讓教師掌握學生學習概況和準備度；其次，要瞭解學生喜歡學習
的方式，以及他們的優點和興趣；然後，教師再依據學生的背景知識，設計
符合學生需求的課程和活動。換言之，教師要瞭解自己的學生，知道如何協助
他們，通過深入認識自己的學生，才能發展密切的師生關係，並獲得他們的信
任，以協助並激勵他們在學校的學習生活。這就是差異化教學的主要理念。

貳 差異化教學定義

在教學上，教師常習慣於把學生看成一致，所以提供相同的教材，要求
相同的學習結果（O'Brien & Guiney, 2001）。但實際上學生有其差異性，教
師教學的目標要關注到全體學生、各小組及個別學生等不同面向的需求。對於
差異化教學，學者間（Benjamin, 2002; Blaz, 2006; D'Amico & Gallaway, 2010;
Khalsa, 2005; O'Brien & Guiney, 2001; Schumm & Avalos, 2009; Turville, 2008;
Wormeli, 2006）雖有不同的定義，但仍有相似的核心概念。以下分別加以說
明：

一、差異化教學是一種哲學假定並由此發展出具體教學策略

Khalsa（2005）主張差異化教學是在一般的教室內，打造優質學習環境，運用教學策略連結學生學習方式，擴展學生成功學習潛能的歷程。當教師發現其使用的教學策略無效時須要及時調整，因而教師需要持續分析，並嘗試運用不同的教學策略，以引導學生促成積極的學習結果，故差異化教學能激勵、挑戰需要，讓學生獲得有意義的經驗。簡而言之，差異化也是一種哲學，其假定為：學生不需要適應課程，而是教師要因應學生的差異需求，主動調整課程及展示學習結果。因此，教師要在可管理的教室活動，盡量在不同學習者的經驗與能力間取得平衡，更要讓學生有選擇性，學習有意義，這才是差異化教學的真義。

二、差異化教學就是有意義及有效的教學

Benjamin（2002, p. 16）認為差異化教學具有廣泛意義，指能適應學生學習風格、興趣、先備知識、社會化需求及舒適區（comfort zone）等差異的教室實務，在達成評量目標以及不同教學選擇的前提下，讓學習內容與學生能力間取得平衡，藉由持續擴展學生學習，以達到有意義的學習。學習者能賦予資訊意義後，才使得學習發生，否則學生雖然學會字彙，但無法瞭解其意義，也不知如何應用，這是沒有意義的學習。因此，Benjamin 主張差異化教學是異質、動態、目的與深入的。

在一個回歸主流的課堂進行差異化教學並不是新的概念，因為在教室內有不同程度的學生，教師自然就要針對學生的學習需求來調整教學（D'Amico &

Gallaway, 2010）。為了達成有效目的，教師必須熟悉每個學生的學習水準、學習風格、優劣勢等以規劃日常教學活動，學校內的同儕及學習教材也必須支持學生學習活動。

三、差異化教學的目的在於提高學生學習的最大可能性

有些人認為差異化是一個調適資源的過程；另有些人則認為差異化涉及教學取向、策略和方法的調整，是相當複雜的歷程。雖然這些定義注意到差異化的過程和工具，但 O'Brien 與 Guiney（2001）認為他們仍未能注意教師教學思考的層面。具體而言，教師對教學的信念與態度必然會和其教與學的想法有密切關聯。

Wormeli（2006）則主張教師必須瞭解課堂教學需要滿足學生學習需求，並盡可能協助與增進學生學習，才是有效的教學。學生則經由教師差異化教學的協助，使自己瞭解及有效學習，以充實提升自己的能力。因此，以差異點來看，學生們看到同學皆處於同一旅程的不同點，同時也認為差異並不是威脅而是優勢，他們知道有些同學尚處於初學能力，有些則已達專精程度，而這個差異是很自然且正常的現象。

四、差異化教學是一種關心學生與學習的教學策略與態度

課程標示著學生學習內容與重點，而差異化教學就是教導學生學習方法時，帶領他們前往目的地的技巧（Blaz, 2006）。對教師而言，教學是促成學生差異化發展的過程，學生則是差異表現的主體及結果，因此教師應該依據班級學生特質，不斷檢視評量，反省教學環境，以發展性歷程提供學生最佳的學習方案。

五、差異化教學就是回應式教學

差異化教學是一種思考教與學的方式，可以協助教師認知學生差異並提供架構回應（Turville, 2008）。Tomlinson（2003）指出：差異化教學就是回應式教學，它源於教師逐漸瞭解教與學發生的歷程，並積極地以更具獨立性、結構性、實踐性及挑戰性的方式，回應學習者的需求。教師不僅清楚國家、地區和學校所規範的課程架構與順序，同時也瞭解學生學習理解與技能發展程度。因而，教師的目標就是盡可能地提高每位學習者最大潛能的認知與技能。

六、差異化教學是符應學生需求的理念與教學

差異化教學發展至今，學者各有不同定義，有些認為差異化的教學是一個理念；有些認為是一個過程；另有主張是方法、教學概念或者取向，雖然定義上的差異並非新鮮事，但可能導致在研究與實務上缺乏清晰度。Schumm 與 Avalos（2009）認為差異化教學應用範圍廣泛，包括：閱讀、普通教育、特殊教育、資優教育、英語教學作為第二語言等，但其共同點是針對不同的學生，提供不同的教育需求。Schumm 與 Avalos 認為差異化教學是教學的也是哲學的，主張差異化教學是蘊含處理異質教室內學生個別需求的哲學，也是支持此種哲學的嵌入式教學方法。

對於差異化教學定義，也可由差異化與非差異化的對比中略窺一二。Blaz（2006）將兩者教學定義對比如表 3-1，他提到差異化是以學生為中心，基於全體學生需要，運用教學方法，以促成學生學習的哲學。

學者對於差異化教學有不同的關注重點，但是 Turville（2008）認為大都是遵循 Tomlinson 所提的概念，而許多學者都接受這樣的觀點。Tomlinson、Eidson 與 Strickland 等人針對 K-12 學生提供許多教學實例（Tomlinson, 2003;

⊃ 表 3-1　差異化教學與非差異化教學的比較

差異化教學是	差異化教學不是
■ 學生為中心	■ 教室為中心
■ 基於所有學生需求	■ 主要在於回應學生學習問題
■ 異質性團體所需	■ 依能力分組
■ 促成學習的哲學改變	■ 只著重學習方法
■ 內容、方法與結果的多元選擇	■ 為所有學生提供差異化課程（個別化教學）
■ 全班、小組與獨立學習的混合	■ 全班練習或單一方式
■ 品質重於數量	■ 以事實為基礎學習
■ 彈性及多樣	■ 無法管理難以掌握
■ 前瞻性的規劃	■ 調整教學內容難易度
■ 扎根於評量	■ 需要新教材的方法
■ 持續反思與調整以協助學生獲得成功	■ 絕對自由
■ 課堂盡可能提供學生學習上的支持	■ 只是學習風格、策略或活動

資料來源：翻譯自 *Differentiated instruction: A Guide for foreign language teachers* (p. 5), by D. Blaz, 2006, Larchmont, NY: Eye on Education。

Tomlinson & Eidson, 2003a; Tomlinson & Eidson, 2003b; Tomlinson & Strickland, 2005）。以下依 Tomlinson 的論點詳細說明在教學上運行的方式與做法。

　　Tomlinson（2001, 2003）提到：差異化是指教師在教學內容、過程、結果及學習環境等方面，利用持續的評量與靈活分組的方法來指導，並根據學生的準備度、興趣或學習需求來調整教學，以滿足個性化學習的需求。他認為實施差異化教學包括下列四個教室要素：

- 內容：學生需要學習的內容或學生如何獲得資訊的方法。
- 過程：學生參與活動以掌握學習內容。
- 結果：要求學生演練、應用和擴展他們已經學習的單元內容。
- 學習環境：教室學習和感受的方式。

　　差異化教學活動是全班、小組與個別活動的組合（Tomlinson, 2001）。有些教學活動需要利用全班教學，然後進行討論檢討，以建立共同理解與社群感，如圖 3-1 中，以波浪線條來表示教師差異化教學的流程。學生一開始可能

一起進行整體學習，然後以小團體或個人學習方式進一步探究，再回來一起分享與檢討，之後計畫更多調查，並再次進行更多的學習，然後回來再次分享或檢討等流程。換言之，差異化教學是由全班做教學準備、複習、分享，接著進行個人或小組的探究、理解、深化與展現成果等的循環過程。

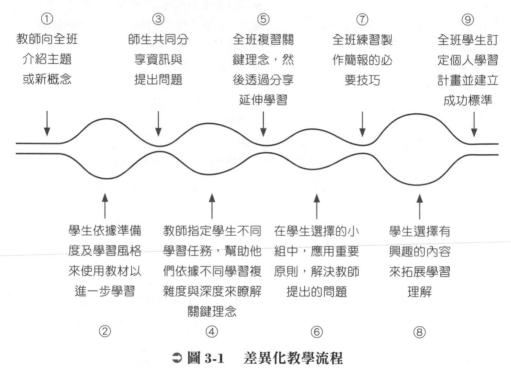

⊃ 圖 3-1　差異化教學流程

資料來源：翻譯自 *How to differentiate in mixed-ability classrooms* (2nd ed.) (p. 6), by C. A. Tomlinson, 2001, Alexandria, VA: ASCD。

　　總之，每位學生都是不同的，他們在不同的學習起點，以不同的方式學習，差異化教學就是基於學生的背景知識、家庭生活、語言技能以及學習風格／偏好等課堂多樣性的需求，讓其獲得滿足的一種理論。因此，教師必須靈活彈性，願意調整自己的課程，以符合每個學生的需求。教師盡可能提升挑戰難度或減少學習內容或降低難度，以滿足學生學習需求水平，並最大限度地提

升他們的成長，達成個人成功的終極目標。

　　差異化教學要讓學生有選擇多種獲取資訊與意義的方法，其教學模式並不期待學生自行調整課程學習，而是要求教師能靈活善用及調整教學方法，以適應學習者。因此，課堂教學是一個融合了全班、小組和個別指導的方法，也基於因人而異調整教學方法的前提下，最大可能地適應不同學生的學習需求。

　　由以上分析，可自三方面來理解差異化教學的特性：（1）瞭解學生學習特質與因素：如學習偏好、興趣、風格與準備度；（2）教師進行教學規劃與實施：包括教學內容、過程以及評量準備與實施；（3）建立課堂教學環境與氣氛：涵蓋公平、學生為中心、所有學生需求、異質性團體需要等來達成有效教學的目標。簡而言之，學生學習的速度和方式各不相同，能清楚理解其特殊需要及學習優勢和劣勢，並因應調整應用於課程，以期最大限度地提高所有學生的潛力與學術上的成功。

4 差異化學生的瞭解

　　當我們展開學習任務時，個人會以不同的方式、使用不同的神經通路學習，其觀點已在神經科學（neuroscience）研究領域獲得支持，認知心理學家也延續此一概念，認為學習者會以不同的風格來支配自己的學習（Gregory & Chapman, 2013）。因此，瞭解學生學習相關資料，如學生感知世界的方式，如何獲得及處理資訊、學習、思考及記憶等，對於教師與學生都非常重要。

　　事實上，教室內的每一位學生都是獨特的，他們來自不同的家庭背景，擁有不同的學習經驗，教師若不能瞭解學生的特質，即不可能提供學生最佳的學習協助。教師應由多種角度瞭解學習者，掌握學生學習風格和蒐集學生學習的相關資訊，以幫助學習者獲得、處理及展現資訊與技能，此種基於協助學生學習所彙整的相關資料，稱為學習需求檔案紀錄（profile）。事實上，班級內學生都具有某些優勢與學習風格，教師應該協助他們理解優勢和風格的差異，設計適合其學習的課程，幫助他們自主選擇學習方法。

　　Gregory 與 Kaufeldt（2012）認為教師應藉由關注學習者的注意力、興趣、過去成就，並提供學習經驗，以創造歡樂和安全。因此，尋找學生的甜蜜點能協助學生學習。圖 4-1 顯示了這些要素相互交織出甜蜜點，利用學生的「甜蜜點」來建構及增進學生成功的學習經驗。學習甜蜜點的相關因素包括：

積極感覺、關切學生興趣；過去經驗成就及吸引學生學習注意的方式，讓學生能在安全愉悅的環境中，依自己過去與相關的經驗及賦予的意義瞭解有興趣主題；並能確保學生基本需求、採取新科技、本身學習型態與方式，及以過去的成就為基礎，持續發展自我。由此所連結成的甜蜜點，其實就是差異化教學應該掌握的學生與學習的原則。以下分別自學生興趣、學習偏好等方面來說明。

⟳ 圖 4-1　學習甜蜜點

資料來源：翻譯自 *Think big, start small: How to differentiate instruction in a brain-friendly classroom*（p. 32），by G. H. Gregory & M. Kaufeldt, 2012, Bloomington, IN: Solution Tree Press。

壹　學生興趣

　　Gregory（2012）認為學生可能基於個人探索系統（seeking system），會對高度興趣的事物產生濃厚的感情。這種興趣係因以往的經驗或知識，或對某些議題天生的好奇心驅使，通常會產生延伸的學習機會，並能深化發展批判性

和創造性的思考能力。當教育人員越瞭解自己的學生，就越能連接學習內容，產生更好的學習效果，也讓學生有機會反思自己與認識別人的興趣。如果更多的同學相互理解，就越能認同自己和尊重他人的需要。為了瞭解學生，教師可使用學生興趣調查表，如表 4-1，用來蒐集學生的相關興趣。

●表 4-1　學生興趣調查表

我的家……	我的寵物……	我的嗜好與專長……
我像……	我喜歡……	我喜歡的遊戲……
如果有一天不用上學， 我想做……	我擅長……	我正在忙……

　　蒐集學生學習興趣可以很簡單，如讓其填寫感興趣事物，要求學生提供三到五種個人最喜歡的運動、書籍、電影、食物等，或公布學生消遣喜好及喜歡活動的排名，都可以瞭解學生興趣的概況。其次，學生的日記也是一項工具，通過學生自省、記錄其在校所思所感及生活紀錄，教師也能夠瞭解學生的興趣，不過運用時要注意信任及保密。

　　在中學階段的學生則可以採取諮詢會議來瞭解其興趣，如每週安排一次諮詢，來探詢學生的興趣並給予積極性鼓勵。諮詢時間如能長達一年，更能透過長期密切的互動，建立良好關係及信任的氣氛。另外，利用非正式座談也是理解學生興趣的可行做法。

貳　學習偏好

　　學生瞭解自己的學習偏好將有助於學習，教師若瞭解學生就能更好地回應其偏好。學習偏好的檔案紀錄是可能隨著時間而變動，可以適時地更新；檔案

紀錄也可以移交下一任教師，以節省瞭解學生及其需求的時間。

　　教師如能獲得學生學習有關的資訊，更有助於利用這些偏好作為教學的切入點。Gregory 與 Chapman（2013）認為學生的學習偏好可分為七大類：學習差異、感官為基礎的偏好、思考偏好、多元智能、性別、文化及學生興趣。學生興趣已在前面說明，茲分別說明其餘六大類重點如下：

一、學習差異

　　顯而易見，許多研究者及心理學家能區分學生學習類別，以幫助教師及學生瞭解其獲取及處理資訊的方式與偏好，也協助他們採用這些方式來學習。

二、感官為基礎的偏好

　　感官是人與世界互動最直接的媒介，Dunn 與 Dunn 提出感官的學習偏好有聽覺、視覺和觸覺／動覺等身體動作。聽覺學習者容易吸收口語和聽到的教材，他們更喜歡聽講座、故事、歌曲、討論。視覺學習者喜歡插圖、照片和圖表，他們可以利用圖形組織來建構意義，而顏色也影響他們的學習。觸覺／動覺學習者喜歡做中學、製作、寫作、繪畫，通過身體參與獲得有意義的學習。他們享受角色扮演與模擬和創建模型，也重視自由和經常走動。教師也可以使用學習問卷（如表 4-2）以獲得更多有關學生學習需求的資訊，這些資訊能協助教師規劃課程時作為選擇參考（引自 Gregory & Chapman, 2013）。

⊃ 表 4-2　你喜歡的學習方式

1. 讀書時喜歡安靜？還是要聽音樂？
安靜 ←→ 音樂
2. 喜歡學習的地點
本班教室／科任教室／電腦教室／自己家裡
3. 無法完成作業的原因是
忘記／厭煩／分心／需要協助
4. 喜歡的座位位置
前面／中間／後面／靠牆
5. 喜歡學習的方式
個人／配對／小組
6. 注意力比較專心的時間是早晨？上午？還是下午？
7. 最喜歡的功課是哪一科？原因？
8. 說明你讀書的方式、時間、地點

資料來源：修改自 *Differentiated instructional strategies: One size doesn't fit all* (3rd ed.) (p. 62), by G. H. Gregory & C. M. Chapman, 2013, Thousand Oaks, CA: Corwin Press。

三、思考偏好

　　Sternberg 提到學習者不同的思考偏好，可以搭配實用、分析和創造等不同屬性的學習方式。他認為不同的思考方式不但無礙小組互動，反而更能呈現與分享不同的觀點（引自 Gregory & Chapman, 2013）。Gregory 在康乃狄克大學發展兩個變項的思考方式理論，其觀點認為：我們看待世界的方式（抽象或具體）和分類世界的方式（順序或隨機），可以組成四種思考風格（引自 Gregory & Chapman, 2013, p. 28）：

1. 具體隨機思考者：他們喜歡實驗、渴望採取直觀跳躍方式去創造，願意找到替代方式。因此，在課堂中，這些思考者、學習者在學習內容與成果展現上，應該給予選擇機會，以促進其享受創造新模式和發展新的概念。

2. 具體順序思考者：他們通過感官確定外在世界，注重細節、結構、架構時間安排和有組織的學習，因此喜歡教師講述及指導的活動。

3. 抽象順序思考者：他們喜歡理論和抽象的世界，其思考過程是理性的、具邏輯和智力，喜歡從事調查工作，也借助調查和分析獲得有意義的學習。

4. 抽象隨機思考者：通過分享和討論組織資訊，學習時喜歡與他人討論和溝通，合作分組及夥伴學習，這些方式較能有效增進他們的理解。

基於不同的思考偏好，教師在教學時可採用表 4-3 的方式協助學生學習（Gregory & Chapman, 2013, pp. 29-30）：

⊃ 表 4-3　思考類別與教學方式對應

思考類別	教學方式
具體隨機思考者	變化資源、調適環境、各種操作、活動選擇、自發性、延伸活動及個人自由
具體順序思考者	組織、結構、視覺引導、明確結束、順序學習、清楚程序、一致方式、期望明確
抽象順序思考者	調查式學習、批判性思考、驗證資料、分析概念、深度探究、討論、注重細節
抽象隨機思考者	舒適的環境、令人鼓舞的氣氛、支持分組、安全氣氛、尊重同事、同理他人、敏銳察覺

資料來源：整理自 *Differentiated instructional strategies: One size doesn't fit all* (3rd ed.) (pp. 29-30), by G. H. Gregory & C. M. Chapman, 2013, Thousand Oaks, CA: Corwin Press。

四、多元智能

Gardner 的多元智能理論提供教師觀察理解學生學習及處理資訊的另一個管道，教師在課堂內觀察學生，試圖找出每一位學生的優勢智能和天賦，繼而運用多元智能教學法因材施教，增進並提升每一位學生的多元智能表現。

因此，教師應利用各種教學和學習策略，輔導學生根據自己的優勢智能有效
學習。

　　為瞭解學生多元智能優勢的意義，Gregory 與 Chapman（2013）的比喻很
有趣，他們認為教師持續觀察學生，試圖找出其多元智能的優勢，就好比挖掘
金礦。而教師在課堂上不僅要認識學生擁有的各種智能，也要有意識地提供語
言和邏輯智能以外的學習體驗。這個概念就好比想釣到魚，漁夫喜歡什麼魚餌
不是重點，關鍵之處在於設想魚鉤要搭配何種魚餌才能釣到魚。因此，教師應
利用各種教學和學習策略為「誘餌」吸引學生。要瞭解學生的多元智能，可以
表 4-4 的學生多元智能檢核表（如果是中學生，可考慮以文字敘述方式來描述
自己的智能優勢）來確認自己的特長以及可加強的重點，並將之轉換為方柱
圖，如圖 4-2，讓學生可以發現他至少有三、四項優勢。

○表 4-4　學生多元智能檢核表

語文智能	內省智能
■ 我喜歡講笑話、故事。	■ 我知道我的感受、長處和短處。
■ 書對我很重要。	■ 我想更多地瞭解自己。
■ 我喜歡閱讀。	■ 我喜歡自己的愛好。
■ 我經常聽收音機、CD 或看電視。	■ 我有時喜歡獨處。
■ 我輕鬆享受寫作。	■ 我對自己有信心。
■ 我常引用讀過的內容。	■ 我喜歡獨自工作。
■ 我喜歡填字和文字遊戲。	■ 我能自己構想事情，並計畫下一步行動。
邏輯數學智能	**空間智能**
■ 我很容易解決數學問題。	■ 我閉上眼睛，能看到清晰的圖像。
■ 我喜歡數學和使用電腦。	■ 我能以圖像思考。
■ 我喜歡策略遊戲。	■ 我喜歡有顏色和有趣的設計。
■ 我想知道事情的進行過程。	■ 我能在陌生的領域運用自己的方法達成任務。
■ 我喜歡用邏輯來解決問題。	■ 我喜歡畫畫和塗鴉。
■ 我是講道理的人。	■ 我喜歡有圖片、地圖和圖表的書籍。
■ 我喜歡在工作中用數據去衡量、計算和分析。	■ 我喜歡影片、電影和照片。

（續下頁）

人際智能	肢體動覺智能
■ 人們常諮詢我的意見。	■ 我坐太久會感到不舒服。
■ 我喜歡團隊運動。	■ 我喜歡與人接觸和談話。
■ 我有很多朋友。	■ 我說話時會用手勢表達。
■ 我喜歡團隊工作。	■ 我喜歡從事手工藝品相關的工作。
■ 在人群中我感到很舒適。	■ 我能因觸覺而增進瞭解。
■ 我能同情別人。	■ 我認為自己是很好的肢體協調者。
■ 我可以理解人們的感受。	■ 我喜歡做中學，而不是從旁觀察。
音樂智能	自然智能
■ 我喜歡聽音樂專輯。	■ 我喜歡長時間參與戶外活動。
■ 我對音樂和聲音感覺敏銳。	■ 我喜歡將東西分門別類。
■ 我能記住曲調。	■ 我可以清楚地聽到動物和鳥類的聲音。
■ 我能邊聽音樂邊讀書。	■ 我能看到植物、花卉與樹木的細節。
■ 我喜歡唱歌。	■ 我在戶外最快樂。
■ 我能隨著音樂打拍子。	■ 我喜歡照顧動、植物。
■ 我有很好的節奏感。	■ 我知道樹木、植物、鳥類和動物的名稱。

資料來源：翻譯自 *Differentiated instructional strategies: One size doesn't fit all* (3rd ed.) (p. 71), by G. H. Gregory & C. M. Chapman, 2013, Thousand Oaks, CA: Corwin Press。

語文	邏輯數學	人際	音樂	內省	空間	肢體動覺	自然

⊃ 圖 4-2　多元智能方柱圖

資料來源：翻譯自 *Differentiated instructional strategies: One size doesn't fit all* (3rd ed.) (p. 72), by G. H. Gregory & C. M. Chapman, 2013, Thousand Oaks, CA: Corwin Press。

教師持續地蒐集資訊並觀察學生，不但有助於瞭解學生，也能更好地因應學生需求。換言之，透過相關資料的彙集，更加瞭解學生的差異，也發現並無統一的方法，而是要依據學生差異，提供多種學習機會，才能適合學生需求。

五、性別

男女腦部在解剖學上的差異，對學習帶來一些啟示。Gregory（2012）認為：性別可提供教師在組建學習團隊時參考，例如，在團體中，相較於女性，男性往往較沉默，且需要更多活動，教師此時即可加強動作以及語言學習。根據 Gregory 指出：（1）女性常是窄化分類者（narrow categorizers），男性往往是寬廣分類者（wide categorizers）。前者適合引導發展，後者適合決策；（2）男性通常在場域獨立上（field independent）高於女性，場地依賴者由於依賴外在的線索來當參考的架構，因此有較佳的人際關係；（3）男性往往認為自己的學業成功來自於能力，而女性傾向於相信她們的成功來自於努力；（4）男性在視覺空間能力上表現高於女性，尤其是在心理旋轉和空間感知，這種能力使得幾何形狀和地圖閱讀技巧上男女有差異；（5）女性表現出更大的言語流暢性，這意味著她們可以比男性發展出更多的用語。雖然男女的詞彙一樣多，但教師發問時，男性不太能廣泛運用語言；（6）女性善於從長期記憶中快速儲存與擷取資訊，而男性善於維護和操作視覺空間工作記憶表徵。這顯示女性擅長於語言和文字流暢、記憶、閱讀理解和寫作。相對而言，男性較擅長數學解題、時空任務、視覺圖像的資料以及機械推理和一些有關科學的主題。Gregory 認為：瞭解性別差異不僅有助於教學實施，而且能增進學生對性別差異有更寬容的認識。

六、文化

　　對所有種族的學生，文化均影響他們學習方式及課堂上的需求。在文化差異的教室中，教師能敏銳察覺文化的規範、態度、實踐和價值，鼓勵學生勇於呈現文化的差異，並使用多樣文化的教材，如此有助於認可和尊重所有學生。教師願意支持多樣性文化，父母也願意投入，一旦學生感到舒適和安全，將更專注於學習。

5 差異化教學規劃

Chapter 5

差異化教學規劃必須考慮學生特質、課程內容、教學策略及評量等因素，教學規劃主要在於設計合適學生學習之方案。由於學生有許多差異，程度上也有高低，唯有透過教學規劃，以涵蓋更多學生學習的準備度，方能達成教學規劃之目標，此教學轉化理念以圖 5-1 來表示（Dacey & Lynch, 2007）。一個任務很難適合所有的學習者，教師可以轉化為更適合多數學生學習的任務，在課程設計實務上，若要規劃適合更多學生學習之內容，應注意主題與概念之間的差異，如「辛亥革命」是主題，而「衝突與變遷」則是概念。自學生角度而言，應考慮由其自身經驗及準備度出發的概念，才能有助於學習。再如「綠色植物」就不如「生命週期」概念之範圍廣，因而後者能讓學生自植物、蝴蝶及青蛙生命週期來呈現學習過程與結果，會更符合學生的學習需求。

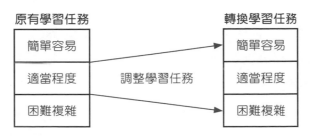

⊃ 圖 5-1　轉換學習任務

資料來源：翻譯自 *Math for all. Differentiating instruction, grades 3-5* (p. 85), by L. S. Dacey & J. B. Lynch, 2007, Sausalito, CA.: Math Solutions。

差異化教學規劃包括原則性說明與具體步驟。在此先概論式說明差異化教學規劃類型，再論述差異化教學規劃的步驟，以供教師規劃教學之參考。

壹 差異化教學規劃類型

差異化教學規劃有許多不同類型，有的較為廣泛，有的較為具體。學者依其視野與角度，有不同的分類。Thousand、Villa 與 Nevin（2007）提出回應性修改和前瞻整體設計兩種途徑；Nordlund（2003）、Diller（2007）則分別由教師教學區分為挑戰、一般及資優，或者大班、小組及一對一等三組方式規劃；Tomlinson 與 Eidson（2003a; 2003b）以學生的特性及課程要素來規劃；O'Meara（2010）與 Diller（2007）則提出差異化教學過程促成學生學習深度、廣度與複雜度之要素；Smith 與 Throne（2007）經由科技協助，呈現多種科技輔導教學之軟體與工具。以下分別由教學途徑、教學方式、學生學習特性及課程要素、教學要素及科技等類型分別說明。教師得依據學生需求，調整或組合不同的內容，以因應學生學習。

一、兩種差異化教學的途徑

Thousand 等人（2007）提出回應性修改（reactive retrofit）及前瞻整體設計（proactive universal design for learning，簡稱 UDL）兩種差異化教學途徑。其中，依據既定課程實施教學後，去檢視學生的學習問題，然後進行教學調整者，即是回應性修改的途徑，本途徑優點能讓教師開始注意到差異化的問題；後者則是教學前考量學生的不同背景知識、準備度、語言技能、學習偏好與興趣，然後採取 UDL 的途徑。兩者比較如表 5-1，Thousand 等人（2007）認

⊃ 表 5-1　兩種差異化教學途徑的比較

回應性修改	前瞻整體設計（UDL）
■ 內容需求	■ 蒐集學習者資料
■ 過程需求	■ 運用差異化教學設計
■ 結果需求	■ 內容需求
■ 事實學習	■ 過程需求
■ 發現學習問題後，運用差異化教學處理學習者問題，並改進教學內容過程與結果	■ 結果需求

資料來源：翻譯自 *Differentiated instruction: Collaborative planning & teaching for universally designed lessons*（p. 10），by J. Thousand, R. Villa & A. Nevin, 2007, Thousand Oaks, CA: Corwin Press。

為回應性的修改固然能針對學生學習問題提供課程及教學上的協助，但若要針對全班性的教學，則建議採取整體設計的做法，才能有效達成差異化教學的目標。

　　他們進一步指出，UDL 做法是事先瞭解學生需求，然後再規劃教學，比較能因應學生之需求，且能應用於大班教學，在實施過程中，需要調整的部分不多；至於回應性修改，則可針對部分學生在學習後，仍有學習困難或需要特別輔導協助者，採用此種方式補足。換言之，在實施差異化教學過程中，可以兩者並用，整體且有效的協助學生學習。

二、三種差異化教學方式

　　Nordlund（2003）由教學上分為挑戰、一般及資優三組方式來實施，各組在教學內容、教學過程以及學習結果呈現上均有所差異，其教學分組與詳細做法可參考表 5-2。挑戰組完成主要重點，一般組涵蓋所有學習主題，資優組則超越一般程度，進而深入學習，其過程與結果，各自均有不同要求。

⊃ 表 5-2　三種差異化教學方式

	挑戰組	一般組	資優組
內容	關鍵概念的三個重點	涵蓋所有主題	深入學習
過程	研究過程每個步驟採取直接教學	示範、獨自學習、檢核及練習	迷你教學協助探究議題、自主學習
結果	一頁團體報告	五頁報告	利用電腦製作圖表進行簡報

資料來源：翻譯自 *Differentiated instruction: Meeting the needs of all students in your classroom* (p. 4), by M. Nordlund, 2003, Lanham, MD: Rowman & Littlefield Education。

另外，Diller（2007）也在閱讀教學中，利用大班、小組及一對一教學之策略，分別針對適用的教學內容、參與人員與時間，以及使用目的等，詳細說明如表 5-3。

⊃ 表 5-3　閱讀架構

教學策略	教學內容	人員與時間	使用目的
大班教學	■ 朗讀 ■ 分享閱讀 ■ 通過核心標準	■ 每天所有的學生參加 30 至 45 分鐘	■ 提供所有分級教材 ■ 示範閱讀策略技能 ■ 要建立口語語言／詞彙
小組教學	■ 基於理解、熟練、語音覺識、詞彙等的小組閱讀 ■ 成立文學圈或導讀	■ 兩小組學生每天共同及分開討論各約 20 分鐘 ■ 依學生需要彈性分組 ■ 各組每週與教師討論一次 ■ 低成就學生增加與教師討論次數	■ 閱讀符合學生程度的文本 ■ 提供鷹架協助學生成功 ■ 基於學生需求提供策略與技巧
一對一	■ 自主閱讀時間進行閱讀諮商 ■ 個別聆聽 ■ 進行記錄	■ 每週教師可與學生討論 3 至 5 分鐘	■ 教師與個別學生討論並建議 ■ 評量學生進步情形

資料來源：翻譯自 *Making the most of small groups: Differentiation for all* (p. 5), by D. Diller, 2007, Portsmouth, NH: Heinemann。

三、以學生的特性及課程要素規劃差異化需求

Tomlinson 與 Eidson（2003a）較為關注學生本身的特質，依其特質及學習表現，說明教師回應之具體做法，並敘明其所依據之基礎。如學習進度較快的學生，基於學生學習準備度之原則，可以提供較為深入與進階程度之內容，如表 5-4。

⊃表 5-4　以學生的特性及課程要素規劃需求表

學生特性	教師回應	依據基礎
一群學習進度較快的學生	提供進階程度的學習內容	基於學生準備度提供差異化內容
學生喜歡工具及機械，但在語文拼音及閱讀上有困難	先發展學生工具及機械相關的單字庫，然後以此為基礎逐漸增進在語文拼音閱讀的字彙	基於興趣及準備度提供差異化內容與方法
學生對歷史有興趣	組成歷史閱讀團隊，提供不同興趣主題的書籍，由學生決定個人或小組學習，並提供分享討論的機會	基於準備度、興趣及學習需求資料，提供差異化內容，並支持小組討論
學生閱讀有困難或是聽覺型學習者	將重要學習內容錄音，讓學生聆聽這些資訊	內容差異以回應學生準備度及學習資料
學生甲外向且有很多點子，但不擅長寫作；學生乙沉默少有想法，但寫作能力優異	在寫作課時兩人配對學習，教師密切留意學習過程	依據準備度及學習需求資料差異化方式，並注意搭配學習優勢與需求
學生甲能解決問題，學生乙視覺型，學生丙專心	科學課時教師要三人一組發展適合動物特性的環境，本任務要求進行研究、繪圖及解決問題	基於學習需求資料，以學生優勢組合學習團隊

（續下頁）

學生特性	教師回應	依據基礎
部分學生缺課一週，部分學生學習概念及技能上需要額外支持與協助	教師把這些學生集合成同組，以動物特性為重要概念與原則，利用適合動物環境的科學活動中共同學習，教師數次巡視引導監控活動進行	基於相似準備度學生，提供差異方式
學生閱讀與寫作準備度差異大	所有學生正在設計描繪一個拓荒家族的圖畫書，教師讓學生選擇單獨或小組活動。教師依據目標設計個人及團體的評量標準	差異化教學結果基於學習資料（工作安排）及準備度（評量標準）
學生對於漢民族開發對原住民生活的影響特別有興趣	教師鼓勵學生製作原住民家庭生活的圖畫書，教師協助學生尋找網路及書籍，以得到正確資訊	差異化結果基於學生準備度及興趣
學生在研究、構想、寫作、藝術、校對和編輯上需求不同	教師在圖畫書製作每個階段提供小型活動並協助，有時是教師發現，有時是學生主動要求	差異化結果與方式基於準備度

資料來源：翻譯自 *Differentiation in practice: A resource guide for differentiating curriculum, grades K-5* (pp. 12-13), by C. A. Tomlinson & C. C. Eidson, 2003a, Alexandria, VA: ASCD。

　　其次，由前測的資料會發現學生可能出現三種表現情況，如圖 5-2。第一組學生已經對於學習內容達到熟練與精確的程度，這時教師就不需給予學生反覆練習，而應該提供更豐富或更具挑戰性的學習教材，以鼓勵學生學習更精深的內容；再次，如果學生對教材的理解很正確但不十分熟練，則應該提供學生大量練習以熟練內容，有時運用同儕配對，以夥伴進行練習也是達成熟練的有效方式；最後一組則需要即時教學協助，因為這群學生既無法掌握學習重點，若大量練習必然造成更大挫折，因此教師必須提供教學指導，協助他們學得正確知識內容，然後採取第二組的方式，讓學生熟練學習內容（O'Meara, 2010）。

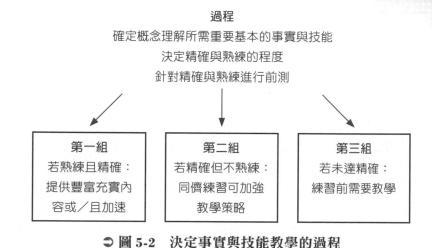

過程
確定概念理解所需重要基本的事實與技能
決定精確與熟練的程度
針對精確與熟練進行前測

第一組	第二組	第三組
若熟練且精確：提供豐富充實內容或／且加速	若精確但不熟練：同儕練習可加強教學策略	若未達精確：練習前需要教學

⊃ 圖 5-2　決定事實與技能教學的過程

資料來源：翻譯自 *Beyond differentiated instruction*（p. 29）, by J. O'Meara, 2010, Thousand Oaks, CA: Corwin Press。

四、差異化教學的要素

O'Meara（2010）認為：當學生熟練基本事實與技能之後，便要提供具有挑戰性的題材，鼓勵其增進學習深度與廣度，表 5-5 提出發展問題及活動深度與複雜度的要素，例如若要鼓勵學生詳細瞭解學習內容，可採取調查方式，用以描述及區分主題的屬性、特點與特徵。

⊃表 5-5　發展問題深度與複雜度的要素

特性	描述方式	舉例
詳細	描述及區分主題的屬性、特點、特徵	調查
類型	事件發生順序、重複及預測	研究一千年來地球氣溫
趨勢	有關主題的外在與持續的影響	探討戰爭與和平對經濟的影響
無法解決問題	仍存在神秘與模糊尚未解決的難題	探討地球上古代文化在文化及技術方面有如此多類似之原因
規則	主題的結構、次序與階層	探討民主的結構

（續下頁）

特性	描述方式	舉例
倫理	有爭論、偏見及兩難的議題	探討環保與開發問題
重要理念	主題的原則與推論	界定幫派活動是一種歸屬感的研究
學科術語	領域特殊用語	調查牙齒及牙科器材適當用語的研究
長期關係	過去、現在及未來之間的連結	探討習慣用語長期的發展
觀點	理解事物多種與相對觀點	槍枝管制不同觀點的研究
跨學科間連結	跨學科間的關係	研究植物與生態關係

資料來源：修改自 *Beyond differentiated instruction* (p. 35), by J. O'Meara, 2010, Thousand Oaks, CA: Corwin Press。

　　另外，Diller（2007）也以英語教學在事實學習、字彙、主題等問題為例，分別舉例說明促進深度理解問題的具體做法，如表 5-6。

⊃表 5-6　促進深度思考問題

基本理解問題	促進深度理解問題
學到的事實	A 與 B 的差異有哪些？
發現新字彙	A 像 _____，A 不像 _____
主題	本文最重要的重點 _____
分量	_____ 可分成幾部分或有哪些特色
地點或時間	你為何這樣想？
最喜歡內容	你的看法是什麼？

資料來源：翻譯自 *Making the most of small groups: Differentiation for all* (p. 9), by D. Diller, 2007, Portsmouth, NH: Heinemann。

五、以科技支持差異化教學策略

　　電腦資訊科技的發展，更有助於差異化教學的實施。Smith 與 Throne（2007）依據有效教學策略的需要，彙整各種策略可採行的科技工具，雖然教育人員不一定熟悉與瞭解相關軟體，不過這些發展值得關注，其所彙整的教學策略、課堂可使用之軟體與工具，如表 5-7。

⊃ 表 5-7　科技支持差異化教學策略

有效教學策略	差異化課堂使用	有關科技工具
1. 認識差異與相似	■ 圖形組織者如維恩圖和比較矩陣，以圖形及符號表示異同 ■ 使用隱喻和類比篩選或分類	■ 概念構圖及兒童版軟體 ■ 網頁可下載圖像網路圖 ■ 文字處理軟體
2. 歸納資訊與做筆記	■ 開頭，中間，結尾 ■ 澄清信息 ■ 教師準備和學生準備 ■ 意見 ■ 網狀組織（webbing）	■ 康乃爾筆記法格式 ■ 概念構圖及兒童版軟體 ■ 筆記應用程式 ■ 讀寫思筆記程式 ■ 文字處理軟體
3. 增進努力與肯定	■ 有效的讚譽和獎勵 ■ 努力和成就 ■ 量尺和圖表 ■ 個別化認可 ■ 在困難時期堅持的成功故事	■ 孩子即作者 ■ 微軟證照 ■ 網路證照 ■ 個人成就日誌 ■ 文書處理回饋軟體
4. 家庭作業和練習	■ 計畫與組織 ■ 不同學生與教師的回饋	■ 內容有關的軟體 ■ 協助延伸教室學習的家庭作業網站 ■ 文書處理計畫與組織軟體 ■ 文書處理回饋軟體
5. 非語言的表述運用圖像表示： 　■ 繪製圖片和象形 　■ 肢體參與的活動 　■ 產生心理圖像 　■ 製作物理模型	■ 因果組織者 ■ 概念組織者 ■ 畫畫、插圖和象形 ■ 圖形組織者 ■ 物理模型和運動 ■ 時間序列的組織者	■ 數位相機 ■ 圖像軟體 ■ 概念構圖及兒童版軟體 ■ 兒童 Pix 軟體 ■ 微世界的軟體 ■ excel 試算表軟體 ■ 繪圖軟體 —— 微軟視窗附件 ■ 簡報軟體 ■ 時間線性軟體 ■ 模擬操作軟體或網站 ■ 虛擬操作軟體或網站

（續下頁）

有效教學策略	差異化課堂使用	有關科技工具
6. 依能力、興趣和其他標準的合作和協作學習小組	■ 依能力、興趣與學習風格彈性分組 ■ 個人與團體績效 ■ 依人數及目標的分組 ■ 思考配對分享策略	■ 團體調查 ■ 個人及團體評量 ■ 拼圖組 ■ 多媒體軟體 ■ 尋寶遊戲軟體 ■ 網站 ■ 網路主題探究
7. 設定目標改進回饋	■ 達成特定目標的學習約定 ■ 持續評量 ■ 鼓勵 ■ 量尺 ■ 自我評量 ■ 學生回饋 ■ 教師即時、明確與建設性回饋	■ 電子日誌 ■ 學習日誌 ■ 基於方案的學習檢核表（網站） ■ 製作評分量尺的軟體 ■ 文書處理檢核表 ■ 文書處理軟體
8. 產生及測試假設	■ 決定 ■ 歷史調查 ■ 創造 ■ 預測 ■ 問題解決	■ 圖像軟體 ■ 孩子們的奧秘 ■ 概念構圖及兒童版網站 ■ 網際網路研究 ■ 線上圖形產生器 ■ 簡報投影片 ■ 科學苑軟體 ■ 文書或出版者報導 ■ 迷你書及廣告
9. 問題、線索及前導組體	■ 前導組體 ■ 預期指南 ■ 骰子 ■ K-W-L 圖 ■ 暫停然後發問	■ 骰子模板 ■ 概念構圖及兒童版前導組體 ■ 網路或文書製作的 K-W-L 圖 ■ 文書個人行程表 ■ 文字敘述前導組體

資料來源：翻譯自 *Differentiating instruction with technology in K-5 classrooms* (pp. 14-15), by G. E. Smith & S. Throne, 2007, Eugene, OR: International Society for Technology in Education。

貳 差異化教學規劃步驟

　　差異化教學規劃的步驟，大致分為準備、實施與評量三階段，其中準備階段要熟悉學習目標內容、瞭解學生，然後規劃教學流程；實施階段也要即時因應調整；評量學習結果則是最後階段。O'Meara（2010）、Gregory 與 Chapman（2013）分別提出規劃教學之步驟，兩者大同小異，後者說明較為詳細，且每個步驟還提出規劃可運用之工具。O'Meara（2010, p. 36）所提出差異化教學的十項步驟分別如下：（1）檢視教學目標與標準，以及其所需要的知識類型；（2）瞭解有關事實與技能的概念；（3）決定事實與技能精熟的程度；（4）設計活動協助學生精熟必要的事實與技能；（5）反省教師個人有關資源、教學內容與學生的知識與態度；（6）以前測瞭解學生事實、技能、概念理解、經驗、態度、動機與理念的知識；（7）決定具體、表徵歷程（representational processes）或抽象歷程（abstract processes）等不同認知過程的教學策略；（8）確定個別、小組及全班的教學活動流程；（9）決定學生表現的目標並發展持續評量進步的工具；（10）發展為精確反映單元預期目標或總結性結果的基準與選擇。

　　Gregory 與 Chapman（2013）則提出可以幫助教師在規劃差異化教學和評量中做決定的規劃模型（見表 5-8）：

1. 建立教學內容：首先，考慮各州共同核心標準及重要議題，且應該讓學生清楚的理解，然後透過前測（如日誌、檢核表、觀察、檔案等）進行評量，以瞭解與標準的差距，同時發展重要議題成為學生學習任務與目標。

2. 確定內容：包括知識、理解與重要技能的學習重點。

3. 準備啟動：確定學生先備經驗以及未來學習重點，利用學習前一至三週進行前測，才能有充足時間規劃學習活動與分組，來提高其對新議題的期

待。前測應注意選擇適當的工具，採取正式和非正式的方式，蒐集資料後，用來規劃高品質的教學活動。

4. 規劃實施：在規劃階段應瞭解相關資源，確定最佳的教學方式，以滿足學生的需求，並利用形成性評量，隨時檢核學生學習進展，作為規劃下一步教學的參考。因此，決定學生需要學習的新知識與技能，以及規劃獲得新知能的方法，並考慮學生的準備度及學習興趣，思考採用整體或小組的方式進行等都需要納入考慮。

5. 應用和調整：學生需要練習及主動積極的學習，才能將學習內容連結至有意義的議題；同時教師也要依據學生學習程度，提供具有挑戰性的內容，鼓勵其嘗試與突破，學習更為精深的內容；或者要依據學生學習問題，適度調整教學內容與方法，以適應學生學習的需求。

6. 評量：基於讓學生選擇展示其學習結果的做法，教師可運用具有良好品質的形成性評量工具，以掌握最佳學習證據。讓教師能在尊重學生學習多樣性、學習偏好、多元智能和個人興趣的前提下，達成預定學習目標，也提供學生不同的學習機會。

◑ 表 5-8　六個差異化教學計畫步驟：模板

差異化教學計畫	
核心標準：學生應理解內容及行動	蒐集資料的評量工具（日誌、檢核表、日記、行程表、觀察、檔案、尺規及合約）
重要問題	
■ 啟動：重點活動包括前測策略 ■ 前測 ■ 先備知識 ■ 參與的學習者	■ 考試、測驗 ■ 調查 ■ K-W-L ■ 日記 ■ 工具測量（arm gauge） ■ 腦力激盪 ■ 概念形成 ■ 附屬其他方式（thumb it）

（續下頁）

重要問題	
■ 實施：全體小組	■ 演講 ■ 演示 ■ 示範 ■ 拼圖 ■ 影音 ■ 實地考察 ■ 邀請主講人 ■ 文本
■ 分組決定（選擇、隨機、異質、同質、興趣、任務、建構） ■ 應用形成性評量及調整	■ 學習中心 ■ 方案 ■ 合約 ■ 濃縮／充實 ■ 問題本位 ■ 探究 ■ 研究 ■ 自主學習
形成性評量	■ 考試、測驗 ■ 表現 ■ 結果 ■ 演示 ■ 示範 ■ 日誌、日記 ■ 檢核表 ■ 檔案 ■ 尺規 ■ 後設認知

資料來源：翻譯自 *Differentiated instructional strategies: One size doesn't fit all* (3rd ed.) (p. 9), by G. H. Gregory & C. Chapman, 2013, Thousand Oaks, CA: Corwin Press。

　　雖然差異化教學規劃有不同的步驟與做法，不過，步驟並非類似檢核表固定不變，而是流動（fluid）與變動的（changing），每次規劃設計步驟並

不一定重複相同,而是要視學生的情況,適度因應與調整。因此,O'Meara
（2010）認為規劃的過程是科學也是藝術。

Chapter 6 差異化教學的課程規劃

　　課程是學習重點也是重要的學習內容，差異化教學之課程相當多元，不受限制，如能善加組合，就能成為學生學習選擇的重點。以下，先說明差異化教學可採行課程內容之範圍，然後介紹差異化課程設計策略。

壹　課程內容範圍

　　差異化課程設計可由教材內容做取捨；大多數教師在課程內容部分多以教科書（textbook）及充實教材（enrichment materials）為主要來源（Northey, 2005）。

　　在教科書方面：首先應該提供學生適合其閱讀水準的教科書，對於程度明顯落後之學生可給予替代性的內容，如閱讀水準需求較低的書籍，以引發其高度興趣。Northey（2005）建議學校若有經費，應該添購或向特殊學校或機構取得，以充實教學相關書籍。充實教材部分：教師可以到圖書館、教育資源中心、學校媒體中心，或從網路資源，找尋適合之教材內容。

　　Smith 與 Throne（2007）則自科技角度思考課程內容，他們依據教室內資訊娛樂化（infotainment）之理念，事先準備已經分類，且能符合學生學習學

科知識與概念之多種多樣的學習資源。這些學習資源分別為：（1）媒體、網路和軟體；（2）印刷文本和資源教材；（3）理解概念的相關活動與操作工具；（4）紙、繪圖工具、蠟筆及相關耗材；（5）聆聽活動需要的耳機、錄音機和影帶；（6）展示作品用的公布欄、衣夾和圖釘；（7）獎勵學生進步的證書、獎品、貼紙等。換言之，就是要依據學生的準備度、興趣及學習需求資料來提供不同的資源。

雖然課程內容主要指的是學生學習之教材內容，但有些課程設計則擴及教學方式，如 Blaz（2006, pp. 9-10）認為：由於學生需掌握學習重點如資訊、觀念、態度、技能或事實等面向，教師無法單獨依據各種文本或提供學習內容就可以達成，即使一般印刷文本也不是所有學生都便於取得。因此，他認為真正的差異化應該跨出文本內容，所以將學習內容區分為兩類，其一是運用各種文本 —— 基礎或進階、電子或印刷，再如手冊、報紙、音樂、詩歌、廣告等。另一種就是讓學生選擇教學類型，如直導教學、具體實例、表單練習、線上學習等做法。

貳 差異化課程設計策略

一、課程設計方法

Tomlinson（2001）認為可從調整教學內容與教學方式兩個角度，來進行差異化教學。例如在國小三年級教室，部分學生學習三年級數學的分數，有些則繼續學習除法，這即是內容的差異化。同樣的，在拼寫練習時，依學生現有能力而教學，而非要求全班學習四年級的拼寫。即使學習同樣內容，也可以根據學生的準備水準來調整學生的學習方式，如安排資優學生獨立學習；讓學習落後者有較充裕的時間獨自閱讀，或在同學協助下學習。

（一）差異化內容

可以從學生的準備水準、興趣、學習風格等方面，分別或者整體來考慮內容的差異化。

1. 根據學生準備水準之差異化，調整教學內容

學習知識和教材需配合學生的閱讀和理解能力。例如：五年級學生若其閱讀能力已經到達九年級的水準，就應該調整教學內容。教學內容的差異化處理可參考平衡器（equalizer），如圖 6-1。

2. 根據學生興趣差異化，調整教學內容

課程內容應以學生興趣為基礎或用以拓展學生興趣。例如，學生對某些主題有興趣，教師可以鼓勵學生以該興趣為主軸，深入學習或拓展學習範圍。

3. 根據學生學習風格差異化，調整教學內容

課程需符合學生學習風格，依學生學習方式與地點之不同，教師應盡可能調整教學內容，以達到較佳的學習效果。

在教學設計中，可彈性由學生興趣、準備水準及學習風格來規劃。例如，在中學哺乳動物單元課程，教學目標為介紹哺乳動物的重要概念、術語和知識。教學過程可先讓學生從五種哺乳動物中，挑選他們有興趣的動物作為學習對象（以學生興趣為基礎的差異化內容），並以此分組。然後，教師提供每小組所選擇動物的相關學習資料，如提供已區分難度（以準備水準為基礎的差異化內容）的動物書籍；同時，教師還準備動物的影音光碟和相關網址（以學習風格為基礎的差異化內容）。另外，學生可自行或按照教師提供的模板（matrix）來做筆記（以學生準備水準為基礎的差異化內容）。

1. 基礎的		轉化的
	訊息、思想觀念、教材、應用	
2. 具體的		抽象的
	圖像表徵、思想觀念、應用、教材	
3. 簡單的		複雜的
	資源、研究、議題、問題、技能、目標	
4. 單一面向的		多元面向的
	指導、問題、應用、解決方法、策略、學科連結	
5. 小進步		大躍進
	應用、洞見、學習遷移	
6. 較結構化的		較開放式的
	解決方法、決定、策略	
7. 低獨立性		高獨立性
	計畫、設計、監控	
8. 慢		快
	學習步調、思考速度	

◐ 圖 6-1　平衡器

資料來源：侯秋玲、甄曉蘭（2014）。從支援學生學習談差異化教學。教師天地，**190**，37。

（二）分層設計

　　Tomlinson（2001）認為課程壓縮、運用多種課本與教材、微型課程與多樣化支援系統等策略，可用於課程設計策略中。Fogarty 與 Pete（2011）則採取較廣義的觀點，來思考差異化課程設計議題，認為可藉由：（1）具體、象徵與抽象方式，來改變內容之複雜性；（2）以資訊、敘述、多媒體和互動等

不同做法，來改變教學資源；（3）透過教室、學校、鄰里、社區或虛擬教室方式，來改變教學環境以進行調整。

　　妥適的改變內容會運用分層課程（tiered lesson）（Fogarty & Pete, 2011）。分層課程是差異化的有效策略，教師通常用不同層次的學習，來改變內容的複雜性，提供不同程度的挑戰，以適應學生選擇。最基本的是具體級，學生使用實物學習，如利用實驗和調查，以及任何涉及操作、建構、建築、模型、原型等，教師提供基本與基礎的具體學習經驗；其次是象徵級，所述內容以圖片或插圖呈現，使用素描、速寫、圖表、漫畫，或以圖形組織、概念和思維圖、維恩圖（Venn diagram）、流程圖、魚骨分析圖表等來展示理念；而後是抽象級，利用文字和理念來傳達學習的經驗，教師常見的抽象教學技巧包括課本閱讀和講述，不過，教學時會透過改變教科書，或長短不一的講述，以適應學生之間的差異。教師必須具有豐富的教學庫（rich repertoires），才能協調這三個層次的學生適當的學習。

（三）資源與環境運用

　　教師會自不同的資源及其複雜度中，覓得熟悉的教材內容，成為差異化的教材。資源有不同的形式與類別，如圖文並茂的內容或是在密密麻麻的文字中加上少數圖形，資源則包括資訊、敘事、多媒體及互動形式資源。學校需要擁有各種類別的資源，如探索科幻媒體、歷史小說、網站、多媒體等，以方便教師與學生取得，並可利用圖書館、媒體中心或適當可靠的網站，甚至教師間分享教材等方式作為學生學習的補充資源。改變資源不但打開獲取資源的管道，也利用剪裁下來的資訊，提供適合學生學習的資源，因此變化資源是一個非常有用的做法。

　　改變學習環境能讓學習者獲取不同的學習經驗，學校內走廊、儲藏室和辦公室；圖書館和媒體中心、電腦教室、實驗室；餐廳、禮堂等均為可利用的資

源;其他如鄰里社區也可供田野調查及教學上運用。此外,教室內的學習角落或學習中心的書籍、學生作品、標語及窗台的植物都是學習的環境,教師可以改變教室學習的角落、地點、位置等方式來展現差異化教學的氛圍,以促進學生學習。

二、課程單元設計

課程設計首先要顧及內容標準與學生需求。Fogarty 與 Pete(2011)說明「內容標準」涉及對學生的期望及滿足學生學習的需求。「內容」是學生應該瞭解及表現的能力,主要是學習領域的事實、數據、概念、技能、態度、特質、原理和心智習慣等內涵。而「標準」通常描述生活技能,如問題解決、團隊合作和溝通等,教師通常優先要決定重要標準的內涵,即期望學生學習的重點。不過,當教師面對教學目標與學習需求選擇時,必須同時兼顧目標達成與學生學習需求。

瞭解學習目標與學生需求之後,就要進入教學單元設計。單元涉及單一的學習內容領域,也可以整合多個內容領域的概念和技能,而且在單元設計時,能針對學生學習結果去調整活動內容,因此 Gregory 與 Kuzmich(2004)認為,在進行課程設計時,首先要掌握單元設計。至於如何進行單元設計,Gregory 與 Kuzmich 主張要考慮到學區、地方或國家的課程目標,依據上述課程目標轉化為學習期望,然後將適合學生學習與評量的目標列在單元學習之中,再轉化成為重要概念,並且依年級差異調整重要概念的複雜度。茲舉三至五年級數學標準、學習期望、重要概念、單元技能及評量標準之例子,如表6-1。

○ 表 6-1　單元設計方式

標準	教學規劃目標在讓學生運用資料設計問題，並能蒐集、組織及呈現相關資料來解決問題。
學習 期望	1. 用觀察調查來蒐集資料。 2. 使用表格和圖表，如直線圖、長條圖以及折線圖呈現數據。
重要 概念	資料蒐集 1. 資料：相關性、實驗、調查。 2. 表格。 3. 圖：直線圖、長條圖、折線圖及分類。
單元 技能	學生會設計調查以處理問題。 學生能決定資料內容與方法，以獲取足夠資訊。
評量 標準	1. 優異：圖表容易解釋，也能清楚回應問題。 2. 熟練：圖表正確也能清楚呈現重要資料。 3. 尚可：圖表有標題，易讀也正確。

資料來源：翻譯自 *Data driven differentiation in the standards-based classroom* (pp. 97-100), by
　　　　　G. H. Gregory & L. M. Kuzmich, 2004, Thousand Oaks, CA: Corwin Press。

　　如表 6-1 所示，若數學標準要求學生能夠運用資料以設計問題，並能蒐集、組織及呈現相關資料來解決問題，則學習期望可利用觀察調查來蒐集資料，使用表格和圖表呈現數據。因此，重要概念與單元技能不僅標示學生學習目標，同時也用於發展學生資料蒐集分析與解決能力。總之，單元技能是學習之後期望達到的目標，技能必須注意與實際生活的關聯性，以幫助學生參與真實世界，協助掌握其生活的意義。單元技能要以動詞的形式出現，學生才能展現這些能力，而且能評量。此外，在規劃單元評量時，評量方式及重點可以適度提示與說明，並訂出評量標準（rubric），以利評量的進行，並引導評量及學習重點與標準。

7 差異化教學的歷程

有效教學的教師，會考慮學生記憶、意識、語言發展並使用所有的感官刺激，選擇適當教學策略，整合所有的系統協助學生學習，以達到較高學習水準（Gregory & Kuzmich, 2004）。Gregory 與 Chapman（2013）指出，大腦能注意新的刺激、處理資訊，將其儲存在記憶中，日前的研究對這些普遍運作原則已有所瞭解。他們也以大腦影響課堂學生學習研究為基礎，針對注意力、記憶及概念，提出相對應的教學策略，茲說明如下：

1. 注意力：如果教師要抓住學生的注意力，他們需要幫助學習者消除分心、能夠聚焦、注意重點、打開心智檔案（mental files）、提供選擇、鼓勵自主學習、利用黃金時間（prime time）或額外的時間去延長、充實或填充未分配的教學時段等策略。

2. 記憶：複誦（rehearsal）為最基本的記憶策略，是一種學習者將接收進來的訊息重複練習，以免訊息消失的策略。複誦包括反覆複誦（rote rehearsal）及精緻化複誦（elaborational rehearsal）。前者如重複與反覆練習；後者包括記憶術、圖像組織、角色扮演／模擬、節奏／歌唱、多元智能、表演等，較有助於記憶。學習者如能將新學的訊息加以組織歸類，並

說明歸類後各組間的關係及意義，不但容易將此結構存入長期記憶，且能簡化龐大學習材料，增加提取線索與速度。

3. 概念：概念有助於學生看到重點，並加深他們的理解，所以依據概念組織資訊，能夠幫助學生處理及習得大量資訊內容。

　　差異化教學強調每位學生都是獨特的，教學無法一體適用。教師必須先要具備不同教學策略的能力，才能從中挑選和選擇、調整和修改（Gregory & Chapman, 2013）。教師不斷累積創新的方式，在適當的時機，運用正確之教學策略則更是關鍵，例如：透過視覺效果、圖像組織、音樂節拍、記憶術、流程、程序、尋找模式、骰子、選擇面板和科技方式來指導學生學習重要的資訊。當學生理解資訊後，接著就是分配教材，讓學生自己學習，此時學生的參與就非常必要，教師也應針對學生需求，適時改變教學策略，使學習者永遠不知道他們下一個挑戰內容，讓其可藉由挑戰進而學習獲得新資訊。因而，教師需要掌握適時、適量、刺激及積極參與的原則，給予學生選擇教學策略和任務，才是一種有效且能激勵學生學習的方法。Gregory 與 Chapman 總結相關教學策略，提出學習環境、幫助學生發展理解、幫助學生擴展和應用知識等三大類九種的教學策略，這些分類與策略包括：（1）學習環境：設定目標並提供回饋，增進努力並提供認可，合作學習；（2）幫助學生發展理解：問題、線索及前導組體，非語言表徵如圖像組織，總結和筆記，指定作業和提供練習；（3）幫助學生擴展和應用知識：確定異同，提出和驗證假設。

　　有些學者依直導教學、合作結構和學生探究進行分類（Fogarty & Pete, 2011），Thousand 等人（2007）則從教學形式（instructional formats）、教學安排（instructional arrangements）、教學策略（instructional strategies）、社會及物理環境（social and physical environment）及共同教學（co-teaching approach）等類別來論述。不同學者之關注程度有所差異，茲以表 7-1 說明並逐一討論。

⊃ 表 7-1　差異化教學歷程

教學歷程				
教學形式	教學安排	教學策略	社會及物理環境	共同教學
考慮要素：	考慮要素：	考慮要素：	考慮要素：	考慮要素：
■ 運用演講？	■ 合作學習架	■ 研究本位的策	■ 空間安排？	■ 支持？
■ 活動本位？	構？	略？	■ 教室外空間的	■ 並行？
■ 體驗？	■ 同年齡或跨	■ 應用多元智能	使用？	■ 互補？
■ 模擬／角色扮演？	年齡同儕指	理論概念？	■ 社會規範？	■ 協同教學？
■ 團體調查？	導？	■ 藝術統整？	■ 教學責任？	■ 以學生為共
■ 發現學習？	■ 個人？	■ 使用目標分	■ 積極行為的支	同教學者？
■ 電腦／網路本位？	■ 全班？	類？	持？	
■ 自我引導？	■ 其他？		■ 替代的環境？	
■ 分站學習？				
■ 統整跨課程主題？				
■ 服務學習？				

資料來源：翻譯自 *Differentiated instruction: Collaborative planning & teaching for universally designed lessons*（p. 93），by J. Thousand, R. Villa & A. Nevin, 2007, Thousand Oaks, CA: Corwin Press。

壹 教學形式

　　教學形式是由教師指導學生獲取資訊或學生參與學習的組成方式，包括教師主導的講述到學生主導的多種方式。單一的課堂內可以使用數種方式，但也有些課程特別適合某種形式，如探究本位及發現學習用於科學內容學習；服務學習、社群參照及經驗方式較適合社會領域單元。尤其面對文化與種族差異時，要在說話者與聆聽者之間建立快速的語言互動，可以對答互動方式（call and response），讓教師細心的抓住學習者溝通的意思，運用學習者的措辭來回應對話，以確立新的瞭解。一旦教師能塑造契合學習者文化及語言學的環境時，他們就能深度瞭解每個文化的獨特貢獻，因而讓教學環境豐富化。

貳 教學安排

　　教學安排或教學分組是決定學生與課程內容互動的做法，O'Meara（2010）認為可以採取整體教學（whole-group instruction）、小組教學（small-group instruction）及個別教學（individual instruction）等安排來實施差異化教學。他以責任轉移的觀點（如圖 7-1）來說明教師主導至學生自主學習之差異。他認為介紹新概念、事實及技巧，以及當學生需明確瞭解與示範學習時，最適合採用整體教學，這時教師教學責任最重。當教師逐漸透過支持與指導，發展學生主動學習能力，其學習責任就逐漸轉移至學生身上，直到學生自行承擔完全學習責任，發展出自主學習能力為止。學習轉移的歷程有可能較長，也可能很短。

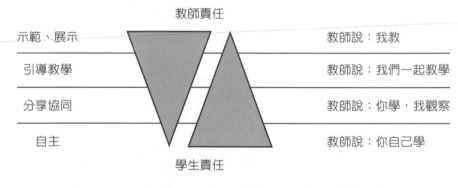

⊃ 圖 7-1　責任轉移示意圖

資料來源：翻譯自 *Beyond differentiated instruction* (p. 76), by J. O'Meara, 2010, Thousand Oaks, CA: Corwin Press。

　　整體教學、小組教學及個別教學有其適用時機及注意事項（O'Meara, 2010）。整體教學雖有其價值與重要性，但仍要考慮其目的與時間。需要學習一致性內容的學生，或在個別與小組學習之前後，教師利用整體教學給予引導

或總結，是極為有效的方式。整體教學通常給人之印象即是講述法，教育人員常過度使用，若能引發學生主動學習，效果會更為理想。因此，要增進整體教學的效果，除了要把握吸引學生注意力及加深新資訊處理程度外，整體教學可以加上第二層的引導及第三層分享協同（採用回饋卡或電子回饋系統），以進一步轉移學生學習責任，提供其主動學習的機會。所以，教師可以靈活運用整體教學，例如課程前 10 分鐘，由學生自主練習；接著 10 分鐘由教師講解與示範課程重點；然後學生練習，教師在旁指導；最後 10 分鐘，學生自行練習，教師從旁觀察。

　　換言之，整體教學可以依呈現學習目標及環境的需要適時調整，如教師在個別協助學生時，若發現有學習上的問題，除了適時提供指導外，也可利用整體教學時間，將案例提供給其他學生參考，讓更多學生獲益。不過要注意的是，學生有個別差異，需要協助者可能也有個別差異；此外，也會因為教室內空間的限制，而不易達到環境調整的效果，例如有些學生需要安靜，有些學生需要聲音的刺激。因此，教師必須盡可能在座位、燈光、牆面及容許學生自主的部分，彈性的依據學生需求，加以適當調整因應。

　　合作學習是小組教學常用的方式之一，合作學習被認為是提升整體學生學習進步最有效的做法。合作學習有正式（formal）、非正式（informal）及以合作為基礎的團體（cooperative base groups）等方式。正式的合作學習，其課程可長達數週，學生要分享學習目標，並全程參與完成任務過程，這時教師在教學前需要規劃目標、決定小組的人數、安排成員的角色及準備教材等；然後，教師要監控學生合作學習的歷程，並提供適時的協助，最後再評量學生的學習結果。而非正式的學習則可能持續幾分鐘或一堂課，是教師教學過程中臨時組成的小組。可在教學開始、教學中或教學結束前安排短暫時間的合作學習，其目的是讓學生積極參與學習，透過集體的互賴關係來尋求共識以提出報告。以合作為基礎的團體則有穩定成員，同儕彼此協助學習及相互支持，以確保所有成員學習的進步，其時間可能持續長達一學期或數年，學生必須

三至四人異質分組，由教師提供議題，讓學生經常聚會討論，並確實執行合作學習的特點。以上三種方式可以分別實施，也可以綜合起來運用（Johnson & Johnson, 1999）。合作學習與差異化教學並非畫上等號，差異化的合作學習必須要考慮小組學生組成原則，其重點是要基於教學上的需要（O'Meara, 2010）。

　　單一或跨班級中教學的另一種選擇，就是利用同儕或夥伴的關係，安排差異化的小組教學。同儕能用其熟悉的語言，對於學習有困難或畏懼在大班提問的學生，提供另一種學習管道，也有助於提升學習成就。

　　差異化教學並非指對學生一對一個別教學，而是依據學生不同經驗與學習方式，來作為教學選擇之參考。換言之，差異化的個別教學是指在設定教學架構下，讓學生有選擇學習的機會，誠如 O'Meara（2010）所言：「採用教學約定（contracts）及興趣本位的規劃（interest-based projects），可達到個別化教學的目的。」他並指出，教學約定是由教師設計不同項目內容讓學生選擇，如語文教學後，設計不同圖表、圖畫、維恩圖或短文，來呈現該文重要情節角色與劇情；甚至與其他文章進行比較與評論，讓學生從中選擇部分項目來進行學習。至於後者，則是在教學目標清晰的前提之下，讓學生依據目標，選擇不同內容來比較或辨認其共通性。

參　教學策略

　　Bloom 的認知層次之分類（如表 7-2），常被運用來協助學生差異化學習課程內容，例如：提供臺灣各地地形資料，請 A 組學生說明臺灣地形東西部之間的特徵；B 組學生則被要求依據地形資料，去分析與自然災害的關係。雖然兩組學習同一主題，但其分類層次就有所差異。

○ 表 7-2　應用 Bloom 分類作為差異化學習過程

Bloom 層次	促進學習的方式
知識	定義、繪製、辨別、列出、標示、找出、命名、匹配、敘述、選取、說明
理解	展示、描述、以自己用語定義、解釋、概括、舉例、解釋、排序、重寫、提示、總結
應用	運用規則、討論、圖示、檢視、訪談、建構、轉換、解決問題、記錄、分類、發現
分析	分類、比較、演繹、決定、推論、揭露、有關兩個以上學習結果
綜合	產生、設計、想像、發展、製作原創作品、綜合、連結
評鑑	議論、獎勵、選擇、批評、批判、辯護、判斷、分級、支持、證明、排序、辯解

資料來源：翻譯自 *Differentiated instruction: Collaborative planning & teaching for universally designed lessons*（p. 102), by J. Thousand, R. Villa & A. Nevin, 2007, Thousand Oaks, CA: Corwin Press。

　　不過以 Bloom 的認知層次分類來教學，經常發現較多限制在知識與理解層次，如 Antonetti 與 Garer（2015）研究發現：認知領域低層次知識與理解者占 87%，中層次應用與分析者占 9%，高層次綜合與評鑑者占 4%。為改善這種現況，可以利用教學策略來提升學習層次，如採用維恩圖策略，他們並舉出學生比較亞利桑那與阿肯色兩州差異之教學實例，繪製成圖 7-2 之例子。

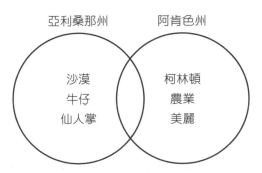

○ 圖 7-2　亞利桑那及阿肯色兩州之差異圖

資料來源：翻譯自 *17,000 classroom visits can't be wrong: Strategies that engage students, promote active learning, and boost achievement*（p. 33), by J. V. Antonetti & J. R. Garer, 2015, Alexandria, VA: ASCD。

雖然圖 7-2 呈現方式能顯示兩州之差異，但無法促成學習者發展出分析與應用層次的思考。因此，Antonetti 與 Garer（2015）主張可利用圖像組織方式，以轉移至中層次。如圖 7-3 分別以兩州總統候選人、美景、拓荒者、農業及原生植物等類別之差異，採用逐一呈現同一類型方式，來引導學生進行比較，以發展學生提高思考層次。

亞利桑那州　　　　阿肯色州

總統候選人	約翰・麥肯		柯林頓
美景	沙漠		綠地
拓荒者	牛仔		西班牙及法國商人
農業	柑橘、萵苣	棉花、肉牛	黃豆
原生植物	鳳梨	仙人掌	硬木

⊃ 圖 7-3　亞利桑那及阿肯色兩州之差異調整圖

資料來源：翻譯自 *17,000 classroom visits can't be wrong: Strategies that engage students, promote active learning, and boost achievement*（p. 35）, by J. V. Antonetti & J. R. Garer, 2015, Alexandria, VA: ASCD。

設計教學過程可採用視、聽覺及動作的學習模式，或採用多元智能理論去決定差異化教學過程。如有關太陽系教學，擅長數學及邏輯的學生，可用繪圖及計算方式，呈現不同行星繞著太陽轉動，或計算由地球發射太空船至各行星的時間；視覺空間優勢者可設計太陽系模型；善於人際互動學生則可運用合作或夥伴學習的方式，完成教師提供的作業等。初步利用學生優勢展開學習後，教師則可採用拼圖式合作學習法，讓學生至不同組分享與學習，運用他們的學習優勢去教導其他同儕。表 7-3 為利用八大智能差異化學習過程的例子。

⊃ 表 7-3　八大智能差異化學習做法

智能類型	差異化學習舉例
語文	演講、討論、文字遊戲、說故事、共同閱讀、寫札記、辯論、討論及合作學習
邏輯數學	猜謎遊戲、類比、問題解決、實驗室實驗、大綱、時間表、腦筋急轉彎、數字遊戲、批判性思考
肢體動覺	具體經驗、舞蹈、繪畫、運動、放鬆運動、實地考察
空間	圖像組織、藝術品、圖片、相片、心智圖、視覺化、隱喻
音樂	節奏學習、詩、歌曲、背景音樂
人際	合作學習、夥伴學習、模擬、社區聚會、會議
內省	個別化學習、網路學習、選擇、日記
自然	研究科學、探索世界、分類觀察、注意細節、資訊應用

資料來源：整理自 *What principals need to know about differentiated instruction*（pp. 42-44）, by G. Gregory, 2012, Bloomington, IN: Solution Tree Press。

　　除了依據學生各項智能優勢，分別採用不同教學法外，利用藝術整合也是差異化教學的另一種方式，如運用多元智能的理論，整合視覺與表演藝術課程，同時學習多種課程，以擴展其學習領域。再如結合詩歌和舞蹈與音樂，在朗誦詩歌的同時，加入配樂及舞蹈表演，來詮釋詩中的意境。

肆　社會及物理環境

　　社會及物理環境對學習也有重要影響，教學空間安排、教材擺設位置、策略性安排座位都是環境上可考慮的做法。再如：建立互動規範、發展良好人際關係、增進課堂互動、適當安排教學形式，以及教室內吵鬧聲音、讓學生分心的視覺與聽覺來源等都需要注意。總之，教師應該調整社交氣氛與規則，彈性運用以適應學生差異化的需求，以期受益於所有的學生。因此，教師宜於

協同教學中，注意角色扮演、排練及安排有利社交溝通技巧的訓練（prosocial communication skill），並於學生在容易分心時段，提供自我規範、發展壓力控制技巧及問題解決策略。

伍 共同教學

　　共同教學包括教育人員及學生共同教學兩種，前者主要責任是學校教學人員，這部分將在差異化教學之教師部分加以論述；後者為經教師指導後的同儕教學。Thousand 等人（2007）認為當學生成為共同教學的成員，且學得同儕教導的技巧時，能享受教學者與學習者互惠的收穫，並從指導其他同儕的過程中練習溝通能力；而且在主動協助同儕學習的過程，不僅能增進其記憶與理解的學習，更能提高其學習成效。因此，同儕指導（peer tutoring）、夥伴學習（partner learning）、以學生為教練（coaching roles）角色的合作學習，以及學生主導會議（student-led conference）都有不錯的成效。

　　對話教學（dialogue teaching）也是鼓勵及準備學生成為共同教學者的方式，對話教學對於沉默的學生（不同族群、學習落後、第二語言及學習障礙）提供極佳的協助。對話教學可以讓學生自己規劃課程、設計教學方法及自我設定學習進度；對話教學也能給學生更多討論時間，不但能發展學生聆聽技能，同時也藉由不同意見的交流，更深刻的理解自己的優點及貢獻。

　　學生共同教學也可採彈性分組，依據學生不同的學習任務及方式，如準備度、學習風格或者興趣差異來分組。彈性分組避免教師依據學生程度或學習方式區分學生，能受到教師平等對待與積極鼓勵，成為參與學習的成員，也因此認識更多的同儕，進而大家一起成長（Northey, 2005）。

Chapter **8** 差異化教學的
評量

教師雖能認可並接受差異化評量，但在課堂內要運用這些技巧時，不一定
具備足夠的能力。唯有理解差異化評量概念，以及掌握評量技巧與能力，才能
勝任差異化評量（Hamm & Adams, 2013; Tomlinson & Moon, 2013）。本章先
說明差異化教學的評量特質；其次，逐一說明診斷性（前測）、形成性及總結
性評量之方法及運用注意事項。

壹 差異化教學的評量特質

教師經常對學生進行評量與評分，然而教師並不一定十分瞭解評量在教學
應扮演之角色。Hamm 與 Adams（2013）指出教學評量有下列特質：

一、評量不應侷限於考試範圍

學生可以運用多種方式來展示他們所理解的內容。有些學生考試時表現不
理想，但他們善於利用解決問題、參與課堂討論、提出重要想法、畫出草圖，以
及角色扮演等來展現學習成果。因此，教師宜避免單一的評量策略，而應該超越

考試，以多元評量方式去瞭解學生理解哪些內容，以衡量其學習成果。

二、差異化教學評量不只是評分

　　評量能尊重學生潛力並盡可能地協助學生發展。因此，當教師試圖說明學生學到哪些內容時，會發現評量比評分更有趣，也理解到回饋學生比評分更能幫助學生。此時，教師不需排名，而是借助評量引導學生成功學習，評量就在成功的教學中扮演關鍵的角色。

三、差異化教學的評量是非正式的

　　教師常藉著觀察學生學習之過程，瞭解其參與及理解程度。例如教師走動觀察或與學生交談所蒐集的資料，就是屬於非正式評量的一部分。

四、差異化教學評量是教學計畫的一部分

　　一份好的教學計畫是成功教學的先決條件，良好的課程計畫必須包含下列特點，如：教師進行教學計畫時，必須確切地知道學生需要瞭解及達成哪些期望，並將學習目標納入課程計畫中；其次，設計形成性評量，引導正確且適當地發問，進而引發促進團隊協作的學習。

五、差異化教學是持續性的過程

　　教學過程中必須瞭解、支持學生並提供即時的協助，因而評量並非僅在單元結束後實施，而是在單元教學中隨時發生。換言之，教師應事先知道學生需求，並在教學過程給予立即回應，持續協助學生成功學習。

六、差異化評量是優質教學的內涵之一

　　教師一旦瞭解學生優勢及需求，就能提供符合需要的學習策略與方式，因而差異化評量能提升教學品質。

七、差異化評量與學生成功學習是夥伴的關係

　　差異化教學評量有助於學生和教師。首先，評量能激發學生自我效能感，讓其瞭解學習目標，並知道學習任務對成就之貢獻，進而能透過自我控制，引發其努力學習，成為更好的學習者。其次，對教師而言，評量具有三種目的：評量能瞭解學習結果（assessment about learning）── 判斷學生的表現；評量為了學習（assessment for learning）── 改進教學；以及評量就是學習（assessment as learning）── 教師和學生同時學習。換言之，持續的評量不僅是學生學習的重要部分，也同時促進教師有效的教學。

貳　評量類別

　　差異化教學的評量包括診斷性、形成性及總結性評量三種類別，分別說明如下：

　　診斷性評量能幫助教師更精確地進行教學計畫，教師可利用前測的資料，來理解學生學習之基礎。換言之，借助診斷性評量能瞭解學生興趣和偏好的資料，也確定了學生學習的準備程度（Gregory, 2012; Tomlinson & Moon, 2013）。

　　形成性評量是學習過程的評量，能讓教師掌握學生學習的進度，也提供學生學習回饋，並給教師決定未來的行動。例如教師可考量學生學習狀況，決定採用分組方式，或改變教學策略，以因應遇上的學習問題。

　　總結性評量則是在學習完成後，教師想要瞭解學生學習結果以及與預期目標的差異程度。總結性評量並非如傳統測驗，僅視為表現結果而已；而是讓學生有選擇的機會，能利用差異性評量展示其優勢與興趣，並持續增進其學習，進而達到成功的目標，以此來證明其學習成果。以下分別說明三種評量運用時機及注意事項：

一、診斷性評量

　　教師若不能瞭解學生知識掌握程度，就無法實施差異化教學。若能利用前測瞭解學生經驗、背景知識、掌握知識層次、動機及學生所擁有的資源等資料，然後再進行教學規劃，就能適切地協助學生學習。差異化教學能回應學生需求、優勢、知識、興趣及學習習慣，所以是學生本位（O'Meara, 2010）。Tomlinson（2001）亦指出，評量準備度能瞭解學生的能力、先前的知識基礎及知識的深度和廣度，因而，診斷性評量是重要的。換言之，學習是建立在學生既有知識和經驗背景之原則上，教師深入瞭解學生的能力和學習新知識的準備度，可以幫助其確定具挑戰性及可達成內容的目標。因此，教師要做出正確的教學決定，必須能掌握學生已瞭解的知識內容及具備的經驗，才知道該把哪裡當作起點，以及用哪些教材確保學生該學習的內容。最後，於教學後再檢視學習目標是否達成，並進行後續教學處理。茲綜合學者們對於前測可採行的具體做法，說明如下（Smith & Throne, 2007; O'Meara, 2010）：

（一）K-W-L 圖表

　　評量背景知識可採用 K-W-L（Know, Want to Know, Learned）圖表來進行
（參考表 8-1）。由學生於 K 欄內寫下所瞭解有關學習主題的內容；然後於
W 欄內填入問題，代表學生想學習之內容；教完本主題後，再於圖表 L 欄內
寫下已學到的內容。不過，運用時必須注意：學生可能在 K 欄寫入錯誤的觀
念；其次，學生也可能無法掌握重點，導致提出膚淺與表象之問題；最後，教
學後是否有足夠時間讓學生填寫學過的知識（O'Meara, 2010），這些都要列
入規劃考慮的事項。

◎表 8-1　K-W-L 表

已知（Know）	想要知道（Want to know）	已學到（Learned）

（二）單字分類與預測

　　O'Meara（2010）指出，前測可採用單字分類（word sort）以及預測
（prediction）兩種方法。前者是利用已學過的同主題且熟悉的單字小卡片，
讓學生自行分類或建立彼此關係，使學生能更為深入思考已擁有的概念；不
過，活動目的在理解學生對學習主題的想法及已發展的基模，並非在尋求正確
分類方法，不宜本末倒置。後者的預測方法可用在任何領域，教師先給學生一
系列條件，然後要求其進行預測。預測過程要考慮現有知識、提出新想法，然
後連結相關概念，其方法可用隱喻（metaphor）或明喻（simile）的方式，進
行方式可參考表 8-2。如果部分學生文字表達能力欠佳，則可採用口頭或其他
方式來呈現。

⊃表 8-2　預測方式

主題	隱喻或明喻作為前測的舉例
差異化教學	差異化教學像足球。因為……
科學	考古學專家就像圖書館學專家。因為……
社會	革命戰爭就像大衛與歌利亞（David and Goliath）。因為……
數學	音樂是數學，數學是音樂。因為……

資料來源：翻譯自 *Beyond differentiated instruction* (p. 52), by J. O'Meara, 2010, Thousand Oaks, CA: Corwin Press。

（三）形式、功能、事實及補充的表格

　　另一個瞭解事實與技能層次先備知識的方法是利用表格方式。學生依據特定主題完成表格的內容。表中左上方「形式」是描述主題外表特徵；右上方「功能」是描述主題造成的作用：左下方「事實」是主題有關的實際資訊；右下方「補充」在於處理主題有關的額外資訊。表 8-3 是以書本為主題，分別就形式、功能、事實及補充四類來說明目錄內容。

⊃表 8-3　書本主題

形式 ■ 每章名稱及起始頁碼 ■ 有標題	功能 ■ 本書組織方式 ■ 查找本書章節
事實 ■ 書的最前面 ■ 每章有不同頁碼 ■ 不如索引明確	補充 ■ 有些書無目錄 ■ 雜誌有類似之處，但不一定稱目錄

資料來源：翻譯自 *Beyond differentiated instruction* (p. 53), by J. O'Meara, 2010, Thousand Oaks, CA: Corwin Press。

（四）ABC 圖

使用 ABC 圖也是前測的一種方式，由教師先寫出主題，學生寫出有關本主題的相關概念，分別以 A、B、C 來代表，例如「美國內戰」，學生可能會寫出（O'Meara, 2010, pp. 53-54）：

A：林肯、解放（黑奴）、改進（憲法）

B：南北戰爭

C：內戰、棉花、憲法

D：分裂

（五）檢核表

檢核表的格式各有不同，從簡單回答是否的問題，到較為複雜、可評定技能程度的調查表均包括在內。以下舉表 8-4 檢核表為例，用來瞭解學生學習設計多媒體計畫之前已具備之能力。

● 表 8-4　評量檢核表

科技技巧：多媒體 學生能夠設計多媒體計畫並進行說明	程度： 1：低度；2：中度；3：高度			說明
能選擇適當的版面	1	2	3	
能選擇適當的內容	1	2	3	
能提出多媒體計畫	1	2	3	
能加入詳細文本	1	2	3	
……				

資料來源：翻譯自 *Differentiating instruction with technology in K-5 classrooms* (p. 202), G. E. Smith & S. Throne, 2007, Eugene, OR: International Society for Technology in Education。

（六）回應卡

　　學生也可使用紙卡去回應教師所提出的問題，如教師教授新單元時，可以提出一些問題，由學生在紙卡上，一面寫「是」，另一面寫「否」。教師發問後，學生舉牌回答是與否，教師就很容易瞭解學生對主題的瞭解程度。

二、形成性評量

　　高品質的評量技術和有效的教學是無法分開的。在差異化教學課堂中，形成性評量可獲得學生重要的學習資訊內涵，提供教師檢核學生瞭解程度，進而能促進其學習回饋，幫助學生獲得成功。因此，形成性評量能協助教師瞭解學生學習程度及未來的學習目標，也是有效教學的重要因素。Hamm 與 Adams（2013）即表示：一位成功的教師，在教學階段常以形成性評量回饋學生，並做出教學的調整，確保學生的成功。

　　自學生角度來看，若無回饋資訊，則無法及時改進學習；若至學習結束時，才發現未達到學習目標，可能為時已晚。因此，成功的學習需要教師、同儕及自我省思的回饋。具體而言，形成性評量是教師瞭解教學進度的溫度計，可以提供正確的回饋並即時發現學習問題，而有改進教學的機會，更是提高學生成就的有效方式。總之，形成性評量能提供學生理解目前已學會的內容、為學生提供改進學習的資訊、給予學生回饋，以及確定與預期落差。

　　教師實施形成性評量，必須注意許多面向（O'Meara, 2010），例如：關注學習者狀態、環境及學習過程。首先，學習者本身身心狀態對學習會有影響，因而有必要瞭解學習者社會認知及情緒等因素。教師必須瞭解學生有些狀態與問題是教師無法掌握控制，甚至需要藥物治療的；其次，要發展安全、重視及承擔危機等積極學習氣氛的教室環境，以協助學習；最後，在學習過程要關心學習效率、正確性及對教材的反應。這些形成性評量資料，都能即時提供

教師調整學習教材、學習時間及主題的深度與密度之參考。

　　總之，當整體教學之後，經過形成性評量，發現部分學生學習落後，要即時提供適當支持與引導。反之，對於學習進度已超越一般學生者，則應提高學習目標複雜度及廣度，或加快學習速率等方式，來增進其挑戰性，增強其學習動機。

　　形成性評量可採取提問或其他策略來實施，茲分別說明如下：

（一）提問

　　O'Meara（2010）認為提問能瞭解學生學習速率、學習發展階段及精熟程度。因此，運用提問作為形成性評量的方式，能達成精確、個人意義、連結或應用理解及提出新問題等四種目的。當教師提問時，可以瞭解學生對問題理解的正確程度，可以知道問題對其意義及與其他概念的關聯性；另外，提問也能促進學生提出與主題有關的新問題。舉例說明如下：

　　1. 精確：能在臺灣地圖上指出重要山脈位置及名稱嗎？

　　2. 個人意義：請說明環境汙染對生活的影響？

　　3. 連結或應用理解：地形對氣候的影響為何？

　　4. 新問題：除了杜甫外，你知道大詩人李白的故事及作品嗎？

　　不過，提問時必須提供挑戰性問題，O'Meara（2010）指出，對學習落後與超前的兩類學生，不能前者給予記憶性問題，而提供後者分析評鑑問題，因為概念理解比個別事實更容易回應，所有學生都應該提供其具挑戰性高層次之問題。因此，差異化教學的發問，可以利用批判性（critical thinking）及創造性思考（creative thinking）兩種方式來進行，學生依據他們本身的優勢，都必須回應高層次的發問。例如要知道學生瞭解學習主題的程度，可以採用下列發問方式：請擅長批判性思考的學生，證明「海豚是哺乳類動物」；由擅長創造性思考的學生，「依據現有哺乳類特徵創造出虛擬的動物」。換言之，所有學生都應該發問高層次問題，但根據學生的優勢給予不同問題類型，如對於創造

性思考學生多問「假設……會如何」，批判性思考學生多用「兩者比較」或「對比關係」之問題。

（二）其他評量策略

Tomlinson 與 Moon（2013）針對評量提出許多直接的策略，如圖像組織（graphic organizers）、出境卡（exit card）、3-2-1 卡、入境卡、POE 練習、快速環視（whip-around）、擋風玻璃檢核、家庭作業及測驗等策略，詳如表8-5。

⊃ 表 8-5　持續評量的正式或直接策略

- **圖像組織**：學生運用圖像組織的方法，個別完成教師提出的問題或某個主題。教師以預先設定的標準，根據學生的成果，判斷其對主題或問題的熟練程度。
- **出境卡**：教師針對當天的課程提出一或數個問題，學生在卡片或貼紙上簡短的回答，在離開教室或轉換課程前，交給教師或貼在牆上。
- **3-2-1 卡**：這是出境卡的一種，要求學生依據 3-2-1 的順序回應問題，例如：說明美國參與二次世界大戰的 3 個原因；美國參與第二次與第一次世界大戰的 2 個原因；學生需要回答有關美國捲入第二次世界大戰的 1 個問題。該卡也可以依照 1-2-3 順序，加以變化運用。
- **入境卡**：學生進教室或開始上課前交出或回應答案，問題通常是前一天的回家功課或學習重點。
- **POE 練習**：老師示範讀一段文章或描述一個場景，之後要求學生寫下他們所預測（predict，簡稱 P）的未來。然後，教師再示範讀一段文章或描述一個場景，要求學生觀察（observe，簡稱 O）發生的事實；最後，要求學生解釋（explain，簡稱 E）並說明其預測正確與否的原因。
- **快速環視**：教師提出學生可能理解或誤解的問題，要求學生以一句話來回答，並給一兩分鐘來寫答案。之後，要求學生依序分享其答案，教師則可依據學生之答案給予評量（如 1 = 非常瞭解，2 = 尚能瞭解，3 = 不太瞭解，4 = 非常不瞭解）。
- **擋風玻璃檢核**：以汽車擋風玻璃來比喻學生理解學習內容的概況。如「清晰」表示學生可以清楚看到且瞭解學習目標；「破損」是指學生可以看到目標，但缺乏某些明確的內容要素；「模糊」是指學生尚看不到也不瞭解目標。這是一種學生自我檢核的方式，教師也可以改用「天氣報告」，要求學生以「晴朗」、「陰天」及「下雨」來代表。

（續下頁）

- **家庭作業**：家庭作業一般提供學生練習尚未能完全熟悉的知識和技能，因為家庭作業只是幫助學生有效反饋其學習，大多不評定成績，因而可以理解學生尚未精熟的部分。
- **測驗**：利用簡答和開放式的試題，瞭解單元內容內有關學生知識、理解和技能的學習情況。雖然測驗也可以評定成績，反映一段學習的結果，但許多測驗只是練習而不需評分。

資料來源：翻譯自 *Assessment and student success in a differentiated classroom* (p. 68), by C. A. Tomlinson & T. R. Moon, 2013, Alexandria, VA: ASCD。

三、總結性評量

　　總結性評量在於瞭解學生學習結果之精熟程度，其目的在於讓學生獲得成功的經驗及展現其成就。總結性評量常用傳統紙筆測驗方式，其對教師與學生有重要價值與意義。評量首先必須符合學習目標，避免運用許多評量做法卻無法獲得明確學習結果。其次，要允許學生選擇其呈現學習結果之方式。例如教師常會發現「學生清楚理解所討論的問題，可是在測驗上卻未反映出來」，可能原因在於：「由教師決定的測驗方式與工具，無法反應學生學習結果」。因而，總結性評量要成為學生能夠理解、相信及行動的指標，才能有助於學生學習。

　　總結性評量有不同的類型，O'Meara（2010）提到以寫作回應（written-response）及問題（problem）或表現本位（performance-based）結果來評量；他並認為運用寫作評量（written assessments）及作品（products），能讓學生參與評量，決定評量方向（direction），展示其學習與瞭解內容，更能強化學生動機，且比較符合學生的需求。Tomlinson 與 Moon（2013）也認為可以傳統紙筆測驗及表現取向（performance-oriented）測驗來進行；其對於題目類型、適用的情境及限制之說明如表 8-6。

⊃ 表 8-6　總結性評量的類型

傳統紙筆測驗

■ 題目類型：是非題、選擇題、填空題、組合題、解決問題（如數學）

■ 適用的情境：可以評量簡單回憶知識到更複雜的思考層次（如建構取向），包括事實與虛擬之區分、圖表和圖形的解釋、由已知資料的推論及因果關係的詮釋等

■ 限制：

- 無法評量學生獨到的見解，也未能提供實例與資訊及說明解釋

- 無法評量過程中的技巧

- 難以產生高品質的試題

表現取向

■ 試題類型：口頭報告、實驗室演示、辯論、音樂和舞蹈演出，及體育比賽等

■ 適用的情境：

- 用於評量學生組織、綜合和應用資訊的能力

- 用於評量過程中的技巧

- 用於評量學生轉移知識至其他學科領域的能力

- 可多學科進行

- 可以測量複雜的學習成果

- 強調思考和問題解決的整合

■ 限制：

- 難以發展高品質的試題

- 需要較多時間

- 取樣內容有限

資料來源：翻譯自 *Assessment and student success in a differentiated classroom* (pp. 94-95), by C. A. Tomlinson & T. R. Moon, 2013, Alexandria, VA: ASCD。

　　O'Meara（2010）認為表現取向評量的重要要素，在讓學生知道評量的重點及其等第程度，而這些重點與學習目標有關。因此，他提出評分基準表（rubrics），採取以表現本位的評量方式，以正確反映學生的學習成效。其優點在於每項評分標準都可以清楚呈現，學生也可藉此發展自我評量的能力，更可以將評量結果作為訂定下一階段學習目標的基礎，使學生能為自己的學習負責。此外，教師可以讓學生參與，和學生討論評量基準表內學習的評量標準，

共同決定成績評量過程。

　　設計評分基準表，首先要確定學習目標的重要要素，然後再考慮精熟目標最高程度時表現的行為，並依次決定可能的遺漏、錯誤及較低品質表現的情況，然後安排次一層級表現行為，並於最低層級呈現未獲認可的表現行為。評分基準表最重要的是學習目標的掌握，所以學生不僅需瞭解主要重點名稱，更重要的是對於其內容意義之正確理解。以下舉例說明如表 8-7。

◑ 表 8-7　評量基準表

目標：學生能確認工廠的主要部門，並且能說明每部門主要目的。
3 分：學生能標示工廠 6 個主要部門，並且能正確描述每個部門   2 分：學生能標示工廠 4 個以上的主要部門，並且能正確描述 3-5 個部門   1 分：學生能標示工廠 4-6 個主要部門，並且能正確描述 0-2 個部門   0 分：學生能標示工廠 0-3 個主要部門，並且能正確描述的部門不到 3 個

資料來源：翻譯自 *Beyond differentiated instruction* (p. 111), by J. O'Meara, 2010, Thousand Oaks, CA: Corwin Press。

　　總結性評量之運用仍需考慮學生需求，進而提供差異化方式。O'Meara（2010）認為針對優秀與一般學生評量之差異，可採取連結其他主題以拓展意義、新角度探究、改變環境或任務的要素、產生新可能，及評鑑內容或概念等五個重點予以差異性規劃。他也以表 8-8 差異化評量規劃之例說明：兩類學生教學運用的相關配對問題都是屬於高層次，需要的是更深度之思考（O'Meara, 2010, p. 107）。

○表 8-8　差異化評量規劃

- ■ 連結其他主題以拓展意義
  - ● 一般學生：故事中主要角色呈現何種領導特質？
  - ● 優秀學生：故事中主要角色的領導特質與當今總統有哪些特質相似？
- ■ 新角度探究
  - ● 一般學生：故事中的壞人要為社群瓦解負哪些責任？
  - ● 優秀學生：試著為故事中的壞人辯護或解說其行為？
- ■ 改變環境或任務的要素
  - ● 一般學生：沸騰時改變密度，結果會如何？請解釋。
  - ● 優秀學生：煮沸時加入氧的化合物，其密度有哪些不同？
- ■ 產生新可能
  - ● 一般學生：在設定的時間中，影響了哪些故事劇情？
  - ● 優秀學生：故事如在五百年後發生，哪些情節會受到影響？
- ■ 評鑑內容或概念
  - ● 一般學生：最重要的回收產品是哪一項？原因為何？
  - ● 優秀學生：實施回收制度進展快速是什麼時候？

資料來源：翻譯自 *Beyond differentiated instruction* (p. 107), by J. O'Meara, 2010, Thousand Oaks, CA: Corwin Press。

9 差異化教學的教師角色

面對差異化教學，教師角色也要因應調整。首先，教師需要瞭解自己的教學特質，然後培養差異化教學相關能力，建立差異化教學環境與文化。此外，教師必須經過學習及與同儕合作的方式，才能對於課程、教學、評量與環境等內涵與做法有所掌握，以下逐一說明：

壹 瞭解自我教學特質

教師教學通常有既定的風格或做法，評估自己的教學風格、態度和實際做法，有助於逐步精緻自己的差異化教學技能，這些重點包括：調整習慣思維、發展學生重要概念、善用主要評量（big test）、瞭解教學風格等四種（Benjamin, 2002, pp. 27-40）：

一、調整習慣思維

教學來自於教師教學的心智習慣，這些習慣的反思、調整，將有利於教師靈活展現其教學角色，進行教學。

1. 能反省修正：在差異化的課堂上，教師能持續重新調整、檢視與修正課程，並避免僵化地利用評量。為了讓學生獲得持久的學習成就，教師需要不斷地反省：如何才能符合學生知識和技能的標準？以及如何讓學生勇於接受挑戰，學習走出自己的「舒適區」？

2. 鼓勵學生對話：鼓勵學生同儕及師生間經常發問、對話與討論，以成為主動學習者。

3. 提供選擇：教師應具備教授多種課程內容、方式與評量知能，能依據學生需求隨時調整，提供學生選擇。

二、發展學生重要概念

　　教師養成差異化教學的習慣思維，並將之運用於課堂教學；然後通過教學，發展學生具備解決問題、適應新情境、做決定、區辨重要性、保障自我避免被利用、重視傳統、表達自我及理解他人等重要觀念。換言之，利用教學培養學生對於社會的思考能力。至於如何培養學生擁有批判思考能力，Benjamin（2002, p. 29）認為可以透過：比較／對比、因果連結、從一般到特殊再回到一般、證實主張、組織、描述及依據基準評鑑等七類方式來進行，如表 9-1。

三、善用主要評量

　　學習評量工具可能來自國家測驗或教師自編，教師應適時分析評量內容能否協助改進教學？對學生學習有無幫助？能否讓學生的學習更具有意義？而教室內的等第區分，也可能引起學生學習的不快，因此，差異化教學應該注意公平性，以及明確清楚的評量機制，才能積極鼓勵學生參與學習。

⊃ 表 9-1　培養批判思考能力的方式

分類	說明與舉例
比較／對比	他們有哪些不同之處？ 他們有哪些相似之處？
因果連結	瞭解前因後果是一個複雜的批判性思考技能。用語如：「因為」、「因此」、「所以」、「導致」、「結果」等。
從一般到特殊 再回到一般	類似漏斗概念：一般性 → 特殊性 → 一般性 特殊部分可用「理由」、「舉例」、「事情經過」、「統計」、「引註」來呈現。
證實主張	意見、聲明、概括等獲得確認。
組織	利用模式以獲得重要意義的技能，學生可用圖像組織、大綱、段落和文章等模式來表達。
描述	好的描述涉及到精確和生動的語言、注重細節、空間組織、轉換和變化。
依據基準評鑑	需要比較／對比、綜合、分析等內容的知識，加以判斷優劣。

資料來源：整理自 *Differentiated instruction: A guide for middle and high school teachers* (pp. 30-31), by A. Benjamin, 2002, Larchmont, NY: Eye on Education。

四、瞭解教學風格

　　差異化教學的教師也必須瞭解自己的教學風格、學習風格、性格類型、優點和弱點。進行實施差異化教學，教師可能因為學生逐漸承擔學習主動權，察覺到失去掌控的感覺，而不願釋出教學主控權。因此，教師必須確認教學是積極、主動與創造的歷程，更要體認：教師需要考慮學生的個體差異，也要理解社會和情緒狀況會影響學習，並經常反思教學的意義及價值，才能逐漸瞭解自己的教學風格。

貳 教師教學能力準備

　　教師要具備足夠的教學能力，才能有效實施差異化教學。教師除了要瞭解學習者及學習內容之外，也要建立自我積極的正向心態以及調整教學策略之能力，更要發展學生情緒商數與自我調節之能力。

一、瞭解學習內容及學習者

　　教師對學習內容及學習者有一定的瞭解，才能真正有效教學。以下分課程教學內容、教材關聯及對學習者的瞭解三部分說明（O'Meara, 2010）：

（一）課程教學內容

　　教師需要注意教材內容深度、明確度及多元角度，並廣泛理解教材內容與生活之相關。由於上述因素會影響學生學習成效，故教師必須要經常自我檢視是否能夠清楚解釋概念？能否回應教材有關的問題？以及能否採取多種途徑教學？除此之外，尚需關注教材內容與其他概念及真實生活的連結，才能讓學習達到精熟及轉移；能瞭解教材內容的深度與明晰度，才能避免因誤解而導致錯誤解釋；能運用多元方法教學，才能符合學生需求。這些要求可以透過網路資源、專業期刊組織或參加進修等方式，來充實本身專業知能。

（二）教材關聯

　　教師深度體會教材內容，會產生教學熱情感染學生，而影響學生的學習。此外，教材能與教學者和學習者有生命及生活上的連結，學生自然會將其內化為個人的意義。例如以親身經驗故事來連結教材，讓學生從教師示範中，連結教材內容與個人經驗。

（三）對學習者的理解及期望

　　教師瞭解學生背景知識及已掌握的學習內容，並與學生建立良好關係，是學習過程中不能低估的因素。換言之，教師可以善用良好師生關係，發展激勵與維持學生好奇的策略，以促進學習。而學校環境所塑造的期望，也深深影響學生的學習。教師及環境對於學生的期待，會透過語言或非語言方式讓學生能夠明確感受到，並促使其努力達成；反之，若教師忽略學生，不抱持高期待，學生也易於自暴自棄。

二、積極正向的教師心態

　　每位教師均有不同的信念，這些信念會影響努力與成功的心態。如果教師有成長的心態，會認為只要透過持續地努力，就能帶來成功，因而能繼續面對挑戰；反之，若教師認為能力是與生俱來，一時的失敗便會增強原有的負面心態，而不願持續努力。教師的言行會影響學生的認知能力、培養學生樂觀及堅韌態度的可能性，因此教師的心態也是影響學生思維的主要因素。換言之，若學生的努力與成就能得到教師即時的回饋，則學生會學得更好。有效的師生互動模式，能引導學生發展正向與積極的學習行為。

三、具備調整教學策略之能力

　　教學實施過程要視情境因應調整策略，若未能觀察適當應用時機及選擇合適的策略，而不假思索地應用教學策略，可能勞而無功，以致無法達到差異化教學的目標。因此，瞭解課堂內學習情境，並積極回應學生的需要就非常重要，至於如何掌握學習情境及妥適運用教學策略，O'Meara（2010）認為必須另外考慮學習者及學習目標（結果），且此三者的關係是相互依存的，圖 9-1

呈現了三者關係。他認為教學策略選擇必須關注學習者、學習結果、學習過程
及策略等三種關鍵角色。

⊃ 圖 9-1　學習者、學習結果，以及學習過程及策略的關係

資料來源：翻譯自 *Beyond differentiated instruction* (p. 64), by J. O'Meara, 2010, Thousand Oaks, CA: Corwin Press。

四、發展學生情緒商數

　　情緒商數（EQ）是個人能夠掌握情緒，保持理智和情感之間平衡的能
力。Goleman（1995）認為情緒商數包括自我意識、情緒管理、自我激勵、同
理和社會技能等五個領域，教師教學可因應之作為，分別說明如下：（1）具
有自我意識的人，可以用適當的策略來面對他們的情緒，也能與他人分享挫折
或尋求支持，因而教師需要鼓勵學生積極表達自己的感覺並給予支持；（2）
情緒管理能認知和察覺當下自身情緒，在焦慮時刻擁有撫慰或管理和處理憤怒
之能力。因此，教師可以幫助學生學習解決問題的能力，產生適當的感情替代
物；（3）自我激勵是持久性設定自己的目標及發展延遲滿足的能力。當困難
出現時，許多學生容易放棄，若學生面對挫折時能感覺到希望，則可能會持續
努力以追求成功。因此，學生和教師可以打造高挑戰、低威脅的環境，進行更
多的學習。（4）同理是能夠感受到另一個人的處境，以產生共鳴，進而瞭解

他人情緒之能力。同理心使學生更加瞭解別人，也容易發展出寬容和理解。
（5）社會技能是用來解讀他人與管理情緒互動的能力，具有高度社會技巧能
力者，能恰如其分地處理人際關係，適應社會的各種情況。教師可以在課堂內
示範這些能力，以協助學生學習與發展。

五、培養學生自我調節能力

自我調節是指個人能得心應手的調整心理、情感和能力的歷程。具有調節
能力之學生，能夠控制與人相處之情緒，集中注意力的參加學習。他們會自行
選擇適合自己的學習方式，並負責監測和控制自己的學習歷程，因而教師要多
給學生思考的時間，讓學生能自行掌控其學習進度與步驟。此外，學習動機的
重要性也不可忽視，動機是內在的願望，教師如能激發學生學習動機，必能促
成學生強烈的學習欲望，進而培養其主動學習之能力。因此，教師和家長宜幫
助學生，培養其自我調節能力，增強其學習動機，並鼓勵他們在學習上經常練
習與應用，以發展終身學習之能力。

參 建立積極的環境與文化

建立良好學習環境與塑造成功信念兩者有密切關係。具備有效教學信念
的教師認為：學生可以學習並獲得成功，也願意積極地創造一個讓學生感受到
此種氣氛的環境。因而，有效教學需要發展積極、友善的學習環境與文化。換
言之，學生要獲得成功，要讓他們相信：他們可以學習，而且學習的內容是有
用、相關和有意義的。同時也要讓其成為自我導向的學習者，有責任對自己的
學習和行為負責（Gregory & Chapman, 2013）。

　　設計適當的教學情境，鼓勵學生學習也極為重要。大腦是控制認知功能的情感中心，情緒會影響學習，如果學生有被嘲笑、威脅，他們便無法用心學習，甚至可能成為學習的阻礙。若學生生活在挫敗及環境中，他們便無法感知成功的機會，而不願積極主動地嘗試挑戰，其參與動機與意願也會降低，進而放棄學習。因此，教師需以適當的教學方式，創造不會造成學生有過度壓力與難度，又能挑戰學生技能水平的學習機會。

　　總之，教學任務設計得太困難或者教師說明不清，導致學生無法理解任務內涵或感到目標不確定，認為不可能成功學習，以至於不願持續努力或逕予放棄，就無法達成學習目標。因此，教師需要設計能讓學習者銜接舊學習經驗的學習目標，並規劃超越學生已有技能水平之教學情境，讓所有學生都能有迎接挑戰的可能，則學生會更願意積極參與學習，一旦獲得成功後，會有更自信的感覺。顯然，教師建立一個積極的學習氣氛，展現相互尊重與支持性的學習環境，有助於發展學生學習。換言之，教師創建複雜性和多樣性的任務，提供學生挑戰和回饋等有助於學習的環境，不但能有效刺激其學習，也是促成學生成功學習的重要因素（Gregory & Chapman, 2013）。

　　教室氣氛包括無形的學習、物理及心理等氣氛。在一個具有差異化教學學習氣氛的課堂中，教師能尊重每個學生，讓學習者知道每個人會有不同的學習旅程。教師也能以成長的心態，經常給學生正向回饋與鼓勵，幫助他們學習；其次，教室的物理環境如適當的照明、清潔、秩序都會影響氣氛。顯然，豐富且適當的資源，能有效協助學生學習（Gregory & Chapman, 2013）。

　　Chapman 與 King（2003）認為外在物理環境及心理情感因素都會影響學習。物理方面包括座椅、器材的安排、視覺、教材、燈光和溫度等；情感因素包括教師本身、期待和個人的互動，以及通過學習氣氛與環境產生的感覺等。因此，教師宜規劃並維護一個有效的物理和情感氣氛，以協助學生達成學習目標。教師在物理環境及情感因素上，可以採取下列做法：

一、物理環境

1. 提供豐富的文字環境：教師可以設計舒適、個性化的學習環境，如利用艷麗色彩、海報、圖表和展示板公告課程資訊；在教室內看板或牆上展示學生作品；再如請學生設置學習活動舞台，讓其擁有所有權和歸屬感等。

2. 提供即時資源：教師最大的挑戰是提供學生有趣、適合其能力級別、又能引發學生學習的資源。教學上可鼓勵教師選擇適合學生能力和知識程度的補充學習資源；運用學生腦力激盪討論未來需要添加的資源；鼓勵學生發現公共場所、學校或家裡可以學習的地方；提供自由選擇的學習時間，以滿足其個性化需求，充實其學習經驗等做法。

3. 布置理想的閱讀地點：教學上提供舒適的學習空間或布置新的學習地點，如設計造型獨特的書屋、海灘椅、懶人沙發、吊床等，並讓學生有選擇地點與閱讀教材的機會，以發展自主和個性化的學習經驗。

二、情感因素

1. 培養學生擁有「錯誤也是一種學習機會」的信念：教師可以營造錯誤並非難忘的尷尬事件，而是學習改善的起點。因此，教師可以策略性地規劃一個安全的心理環境，讓學生能自在學習，當學生有任何需要時，也能提供及時的協助。

2. 發展團隊學習精神：鼓勵團隊內部發展整體積極學習的氣氛，彼此相互激勵與支持。

3. 強化學習動機：學習動機是一種內在激勵，能驅使學習者積極進取，成為更好的學習者，教師只要找到每個學習者主要的內部動力，並採取挑戰與

刺激學習者的心智、建立有效學習環境的規則、認同並增強其學習表現、調整需求以適應學生、注意學生興趣、鼓勵互動、提供選擇、發展自主學習及正向積極的情緒等方式來強化學生學習動機，學生就能持續專注地學習。

4. 提供具挑戰性、專注性及尊重的環境：教師應相信學生可以學習，並能創造富有挑戰性的環境，運用教學策略使學習更加有趣，讓學生對於學習任務保持好奇心與企圖性；也要時時注意及關心他們，盡可能讓學生沉浸在學習材料、挑戰自我、支持和豐富自己的目標與夢想中。

5. 建立尊重互動及自主選擇的環境：教師的積極學習態度及創造良好的學習環境，能增進學習者的興趣。其次，學生成功的經驗也能增進其學習動機和意願。因此，師生互動時，在言語、態度及環境上要尊重學生；同時加強與家長、合作夥伴或小團體的互動，以增強學習動力；此外，選擇是一種激勵工具，提供學生選擇，能增進其學習內在動力，是建立自信、培養獨立及學習責任的有效方式。換言之，教師可以依據學生興趣、能力及需要選擇活動，甚至讓學生自行設計學習活動。

6. 自我效率及鼓勵：教師與學生信念會影響學習，如果認同自己有能力教好或學好，則其必然有信心及決心積極努力；加上多肯定與鼓勵，都有助於達成良好的學習成效。

物理及心理教室氣氛的塑造，除了運用上述方法外，藝術的使用（use of the arts）及形成歡樂與成功的教室也是不錯的方式（Gregory & Chapman, 2013）。前者，是指在教室運用不同類型和媒體藝術，以提高課堂氣氛，幫助學習者理解困難的教材。如一張圖片勝過許多文字描述，透過圖片更易理解；跨領域教學中以摺疊小冊子和圖形組織協助學生組織想法和記錄，成為輔助學習必要的資訊，均是差異化教學的有效策略。後者，則可利用幽默和歡樂教學氣氛，幫助學生學習。如音樂使心靈更容易接受學習，更易幫助大腦保留

資訊，因此可以讓學生戴耳機到處走，邊聽音樂邊完成艱巨的任務。換言之，教師可以經常鼓勵學生為同儕的成功，彼此激勵和歡呼（Gregory & Chapman, 2013），塑造充滿快樂及成功學習氣氛的教室。

四 協同教學

差異化教學需要教師具備教學能力，若無法掌握各種教學策略，則不能有效地提供差異化的活動；同樣，教師未能適切運用管理和評量，也無法提供學生必要的回饋資訊。顯然，差異化教學需要強大的課堂管理技能，以及有效地使用各種教學策略、管理和評量的能力，因此，即使是教學熟練的教師，仍具有相當的挑戰性。Jennings（2012）認為，在差異化課堂上，採取兩位以上教師分享知識，共同分擔責任的協同教學（co-teaching），有助於發展差異化教學能力。

事實上，協同教學並不容易，因兩位教師在教學理念、班級經營及對學生的期待會有所差異，這時教師便需溝通、建立共同的學習目標、規則與做法。Jennings（2012）提出四種協同教學的模式，可應用於不同的活動中。四種模式說明如下：

一、兩人分工

兩人分工是最常使用的一個模式，由一位教師介紹教學內容，而另一位教師執行各種活動。其特點為：當教師無共同規劃時間，以及希望課堂兼具傳統教學活動時，是較為有效及可行的模式。

二、分站式

　　教師在教室內規劃數個教學中心，學生輪流至各站參與站長指導的學習。若無站長指導，則可發展成為學生探索的活動。此方式具有四項優點：（1）在學習中心之間移動，能改變學生活動，避免疲累，也增進學習效率；（2）減少每組人數，有助成員互動及扮演主動的角色；（3）教室內教材不足，可採此種方式教學；（4）教師計畫時間不足，利用此方式可減少規劃時間。

三、目錄式

　　目錄式規劃由教師協同設計多種活動內容，能讓學生掌握學習內容的重要內涵及自主選擇的機會，Jennings（2012）認為可參考 Gardner 的多元智能理論規劃內容架構，但更重要的是，要讓學生有時間瞭解及熟悉每個活動的要求。本方式適用於無站長的學習中心、學生可以自主選擇的學習活動，及需要個別完成活動的家庭作業，目錄式規劃如表 9-2。

⊃ 表 9-2　目錄式規劃

姓名：	日期：	班級：
指導：剛學過認識臺灣單元，你可以自由選擇最有趣或者最想學習的活動（不限一種活動）。		
活動內容		
在空白的地圖作業單上標示每縣市名稱	利用縣市閃示卡與同學互相測驗	運用記憶術，協助記住十個縣市名稱
設計一個環島旅遊的行程	以十個縣市為名稱，寫下一首詩或故事	在地圖上標示每縣市特色
創作至少涵蓋十個縣市的一首歌	發明一種幫助你及同學學習縣市名的遊戲	分組報告旅遊過的縣市

資料來源：修改自 *Teaching for results: Best practices in integrating co-teaching and differentiated instruction* (p. 69), by M. J. Jennings, 2012, Lanham, MD: Rowman Littlefield Educatiion。

四、並行式

　　教師可以把學生分成人數相同的兩組，各自教授相同的內容或者個別教授部分內容然後交換；也可以各自教相同內容，但是在複雜度或方式上有所差異。其優點包括：教師可以主動規劃課程；學生分組後人數少，易於關注學生個體；而且教師容易規劃。

　　在協同教學中可以運用不同四種模式，每個模式各有其優缺點，教師應依據學生需求及本身的條件，選用適合的模式。

伍　專業學習社群

　　差異化教學需要瞭解學生背景、學習風格，也要規劃課程及教學測驗，並隨時進行評量，以達成教學任務，這對教師而言是一項挑戰。Fogarty 與 Pete（2011）認為可以採用專業學習社群（professional learning communities，簡稱 PLC）方式來克服，因為 PLC 具有：以學生學習為焦點、強調協同文化及學習結果的特點。PLC 過程經過同儕談話，設定一致同意的目標、透過行動研究持續探究、以數據驅動決策，並堅持採用結果作為證明，其目的就在於提供學生成功的學習，因此採取 PLC 方式支持教學，透過協作團隊成員來規劃教育資源，能有效達成其目標。

　　PLC 團隊在課堂內，可以運用工具及技術，協助教師瞭解學生的準備度、興趣、學習需求與影響；其次，在課程進行當中，教師需要在單元複雜度、資源及教學環境等要素之間，決定教學重要內容，並隨時調整以適應學生需求；在方法上，PLC 容易採取直導教學、合作結構、學生探究等多元教學

方法，提供教師在教學間運用；最後在學習成果展現上，PLC 也能運用多元的評量，因此 PLC 就成為推動差異化教學的一個重要支點。

不過，PLC 不僅限於教師，如學習共同體即主張納入學生或家長成為共同體成員。顯然，在今天的課堂上，來自不同文化和背景的學習者形成教室社群，教師需要盡可能的學習與理解。學生也需要瞭解課堂語言，否則會成為課堂邊緣人，同時藉由教師與同儕幫助，讓其學會運用這些溝通語言，成為專業社群的學習夥伴。因此，教師不僅是學生學習教室新語言的示範者，也要讓每個學習者知道：大家都是教室內學習社群的重要貢獻者。

以學生資料驅動的差異化教學，其實就是以學生為中心的教學，藉由整合教師們課程、教學與評量，成為日常教學，這顯示共享、學習、差異化理論及實踐已經成為 PLC 的文化內涵（Fogarty & Pete, 2011）。

Chapter 10 差異化教學的學校

　　教師個人雖然可以進行差異化教學，不過若要讓更多教師加入，就必須在行政上提供協助，建立整體學校文化與氛圍，支持與鼓勵課堂的變革。此時，學校領導者如能把握領導原則，妥善運用系統策略，幫助教師專業發展，鼓勵教師積極參與，並能與家長及社會大眾建立良好互動，以共同推動差異化教學，才比較容易在學校推動差異化教學。因此，本章首先說明學校領導者推動差異化教學應把握之原則；其次，說明在實施變革計畫時，領導者應有之領導作為；接著，敘述教師專業發展重點與規劃；最後，關注與溝通家長及社會大眾對於差異化教學的意見。

壹 領導者是關鍵

　　Tomlinson、Brimijoin 與 Navarez（2008, p. 3）主張：領導者需要瞭解有效差異化的關鍵因素，並且為更多的學生提升學習成就。Tomlinson 與 Allan（2000）提出學校變革的差異化領導之九大原則：（1）目前教室的變革勢在必行；（2）學校變革的重點是在課堂實踐；（3）學校需要經過系統性變革，

才能成為教育與教學的地方；（4）改變是困難、緩慢、不確定的；（5）系統性變革需要領導和管理；（6）改變文化才能改變學校；（7）領導者行動遠勝於語言；（8）變革需要聯繫更廣闊的世界；（9）領導變革需要達到成效。承上所述，可以理解學校實施差異化教學就等於是學校實施變革，因為教師已習慣原有環境與文化，其教學理念與方式都已穩定。差異化教學是理念與實踐上的調整，此時必然遭遇部分教師抗拒，故需要強大有遠見，又能領導實踐的領導者與團隊才能實現，所以在領導學校朝差異化學校目標前進時，學校領導者應該注意抗拒改變及第二層次變革（second-order change），才能有效協助學校成為差異化學校。

　　Tomlinson 等人（2008）積極倡導第二層次變革，他們認為，教學的變革是無法避免的事實，當教師第一年進入學校，就需要持續成長為專業人員。換言之，教師面對變遷社會，需要精進教學相關知識以應對環境變化與知識增長。不過，教師不易改變是教學現場的困境，主要因為變革乃是一個漸進的「過程」（process）而非「事件」（event），因而由上而下以及幅度過小的改變都不會產生效果；他們認為變革是一個複雜、非直線性的過程，也是一個不確定的旅程。因此，變革時應避免專注於漸進、小幅度與直線的改變，以免讓教師保留原有教學程序與做法及教學信念，淪為第一層次變革（first-order change）；而應該是要求教師改變觀念與做法，並脫離現有的環境模式，進而改變學校文化、結構與基本假定。亦即改變之內涵要擴及價值、渴望、行為等內在因素，以及過程、策略、做法、制度等外在因素。換言之，就是著重第二層次變革，同時藉由反省與檢討的過程，修正原先不合時宜的思維、信念與價值觀，以達成改革的目標。

貳 實施變革計畫

　　在變革的過程，最重要的是校長能有效的領導，包括分享領導權力以及發展同儕的領導能力，並能論述變革理由、知識與方法，以帶動學校成員進行變革。首先，校長要先建立變革願景，讓教師理解差異化教學的理念與原則；然後以身示範，並肯定教師本身的差異性，善用教師的優勢，鼓勵發展成員關係，以積極參與改變；更重要的是提供專業發展，給予專業及心理面的支持，藉由專業發展協助教師提升能力。因此，領導者應試圖建立教師專業學習社群，確保教師在安全的環境中改變，才能持續聚焦學習目標，讓學生成為學習責任的承擔者，並在實踐共同目標與尊重個體差異的前提下，以不同的方式，支持個人及組織的成功（Tomlinson et al., 2008）。

　　學校改變與發展的過程會經歷不同階段，領導者在不同階段可採取不同的策略。Tomlinson 與 Allan（2000）認為，學校在推動差異化教學時，會經歷倡導、實施、持續與結果等階段，各階段領導者的策略分別說明如下：

一、倡導階段

　　在倡導階段，領導者可以採取下列十項作為，讓學校朝差異化教學方向邁進：（1）建立需求及明確的願景；（2）確立共同的定義和術語；（3）溝通利害關係人之間的理解和支持；（4）連結差異化和最佳實踐；（5）聚焦學區倡導的活動；（6）注意競爭的任務；（7）領導和支持計畫；（8）分配經費資源；（9）預測評量進步；（10）做好長期努力的計畫。

　　學校的變革是相當複雜及不可預測的，無人可以提出一份完整不會失敗的計畫，但透過上述作為，領導者可提供適當的支持協助學校發展。換言之，領

導首要建立學校的願景,並與學校教師、家長及學生等利害關係人進行溝通,拉近彼此對於差異化教學的觀念。然後注意社群內的發展重點,運用實際有效的作為,結合計畫與經費等資源,以掌握推動目標,做好長期實施的準備。

二、實施階段

實施階段可以運用關注教職員、提供教學支持及分享策略來協助推動。例如新聘教師、增加協助教學相關人員、邀請退休教師或其他教學輔助人員進入學校;在教學中可透過相互教學觀察、採用多樣教學內容、購置補充教材、支持教師參加研習活動,以及表揚推動積極的教師等作為;再如組織發展教學核心團隊成為推動的促進者,鼓勵其分享教學經驗,解決教學問題;此外,讓教師彼此溝通經驗等做法,以及提供教師專業發展的機會,鼓勵教師成為學習者等,均可作為實施階段的策略。

三、持續與結果階段

實施差異化教學之後,如何讓其持續發展,逐漸形成制度與習慣,就需要教師團隊的努力,共同發展更精緻的教學活動。本階段過程,教師會因投入差異化教學後,有許多新的或不同的想法,但基本上仍應把握課程綱要與不偏離學生學習為中心的主題來調整。最後,教師要持續關注學習效果,並適時調整各種做法,以檢視其能否達成學習目標。當然結果的評量也可能不如預期,領導人應隨時檢視過程,把握機會調整。但是,也可能出現教育人員認為方向正確,大家也很努力,卻未見到具體成效的情況,這時就需要持續激勵其發展及建立彼此信任感,並適時進行評估,以確保實施的成功。

參 有效差異化教學專業發展的內涵與規劃

　　學校推動差異化教學，除了領導者信念與領導策略外，更重要的是教師願意參與。因此，如何協助教師具備教學理念，在課堂教學上運用，就成為推動成敗的重要關鍵。以下先說明教師專業發展應包括內涵，然後敘述專業發展特點，最後說明分級專業發展的規劃（Tomlinson & Allan, 2000, p. 72）：

一、專業發展內涵

　　規劃專業發展的內容，讓教師能勝任差異化教學工作，雖是差異化教學成功的關鍵，卻很少受到關注。Tomlinson 等人（2008）強調差異化教學的重要內涵如：關注學生、優質的課程、有助教學和學習的評量、彈性的教學、班級經營以及納入專家的意見、學校的變革和教育人員專業發展的重要目標等，都需要透過專業發展來達成。換言之，變革涉及學生、課程、教學與評量等面向能力的提升。以下分別說明之：

（一）關注學生

　　差異化教學旨在幫助學生學習，專業發展也基於學生學習需求。把握學生為中心的專業發展、學生成功學習是教師責任的信念，以及深入瞭解學生特質與需求及支持學生學習的知識和技能等，都是驅動教師學習的重要動力來源。換言之，教師能具備相關教學專業能力，才可能規劃適合學生發展之學習機會與環境。

（二）優質的課程

優質的課程能讓學生堅持信念，擁有願意克服困難與挑戰的決心，並能愉快地達成學習任務。發展真實性知識、鼓勵學生積極主動參與學習，以及掌握重要概念及生活經驗有關的課程，都是優質課程的重要內涵。

（三）靈活有效教學

教學能實現課程計畫，發展學生重要的知識、理解和技能。教學品質是影響學生學習最重要的因素，任何一位教育領導者，都不能忽視教師的核心責任。首先，教學理念上應將學生視為學習個體，先要利用評量的資料調整教學，以支持學生成功；並能運用多種教學策略因應學生不同需求；更要建立靈活彈性的學習環境，協助學生學習理解重要內容等。其次，由於教室管理問題，以及回應學生需求所引發教學方式的改變，必然耗費教師許多心力，而改變舊有的教學模式，其過程是複雜且艱鉅的任務。因此，教師專業發展就要幫助其發展更靈活的教學，才能期望教師為學生提供更多前瞻性的課程，以回應、協助多樣化學習的需求者。

（四）高品質的評量

評量是達成課程與教學目標的重要方式，有效的評量與教學決定必須緊密聯繫，才可以讓教師瞭解學生與學習目標的距離，也確保學生能在需要且適當的時間，學習合適的任務。教師有明確的內容與目標，能透過評量瞭解學生學習發展的位置，以確實掌握其需求，才能繼續不斷地協助其成長。因此，差異化不再是一種選擇，而是因應學生學習的回應。高品質評量之教師專業發展重點，宜關注把握學生起點行為、瞭解學生學習進度、熟悉學習發展順序、運用多元評量協助學生發展，以及透過教室評量，協助學生達成學習目標等面向。

二、專業發展特點

　　Tomlinson 與 Allan（2000, p. 72）進行差異化教學時提到專業發展的特點包括：

1. 專業發展應該建立有關差異化教學的共通語言：學區或學校如果鼓勵推動差異教學活動，則所有的教師應該對基本詞彙和核心概念有相同的瞭解。如此，教師才能以相同的方式向全班、學區和學校展示教材，後續之教學行動也可以被大家理解。

2. 專業發展應該關注教師的準備度（資訊、理解、技能、承諾）、興趣以及偏好的學習模式：教師應該有機會參與選擇適合他們需要的培訓內容。專業發展規劃應該關注教師對差異化教學理解的現況，在相同的教材下能考慮教師多樣的學習方式，採用不同的教學方法與評量。例如在新參與教師為對象的導入性活動中，設計非差異化教學內容與替代性活動、利用觀察錄影的課程，或結合閱讀與討論的團隊活動等方式，由參與者選擇適合個人學習風格的團隊參加。

3. 教師專業發展在提供選擇時，應考慮到年齡和學科領域的需要：雖然差異教學的原則及策略可以應用於跨年級與跨學科，但是能適應於他們任教的年級和科目會更好。如採用具體模式和案例，更有助於將研習課程應用於課堂中。因為教師的需求不盡相同，有的需要研擬差異化教學計畫，有的需要實施差異化課堂的經驗，也有的兩方面都需要。如能依據實際需要來訂定相應的學習計畫，教師專業發展將更為有效。

4. 教師專業發展計畫必須讓教師、學校行政人員以及學區領導者共同參與：學校領導者必須充實其專業知識，以協助教師發展；領導者需要瞭解差異化教學中的基本概念，並與教師保持溝通對話，如此才能更真實地瞭解教

師。其次，學校協助教學的媒體、科技、社工等相關人員，如能清楚地瞭解差異化教學，也有助於實施與推動。

5. 教師專業發展應強調高品質的課程和教學是有意義差異化教學的起點：教學中最困難的挑戰，在於確保學生每節課的學習都是豐富、重要且有意義的。因此，我們需要協助教師準備最好的課程和教學，讓教師瞭解高品質課程與教學的內涵，並且堅持把高品質的學生學習作為教師的出發點。

6. 教師專業發展要將知識、理解力和技能遷移到課堂中：教師專業發展應該持續地讓教師應用研習的內容，進行自我評估，並根據自身的發展程度，選擇新的學習與試驗機會。在應用與遷移時，也要提供時間和支持，促使教師以合作、團隊學習、同儕指導、合作學習、引導課程發展以及觀摩等方式，促進教師專業發展。

7. 學校的教師專業發展應與學區的目標一致：學校的專業發展應該幫助教師掌握因應學生需求的方法，瞭解差異化教學的案例，以及差異化教學與高品質教學之間的關聯。再如，教師學習重點要強調面對學生多種準備度、興趣和學習情況時，教師可以運用的教學方式，才能使教學更有效。

8. 對教師要求變革的同時，也必須認可教師專業發展的努力：當要求教師進行變革時，學校也應該提供教師支援。包括為教師在教學工作之外參加研習的時間給予相應的報酬，或提供教學津貼等措施，以認可教師的努力。

肆 教師專業發展的規劃

　　教師專業發展內容宜依據學校推動差異化教學的不同發展程度，規劃不同水準的發展重點（Tomlinson & Allan, 2000, p. 72）：

一、基礎級的規劃

基礎級的教師專業發展涉及學校所有教師，應確保大家對差異化教學的目標、共通詞彙和教學原則有初步的瞭解。不過，教師之間也有許多個別上的差異，可能有部分教師需要掌握差異化教學的基本理論，而另一些教師可進一步去應用差異化教學。

在基礎級的研習幾乎都是導入性的內容。教學方式可採用簡報、實務工作坊、錄影教學、閱讀和小組討論，並盡可能提供課堂觀摩。基礎水準教師專業發展的方法和活動應該包括：（1）差異化教學必要性的認識，包括合理性及必要性的證據；（2）差異化教學的關鍵術語、特徵、概念和原則的確認；（3）目前課堂常用的一些基本教學策略、有效的教學方法；（4）有效地使用多種教師教學模式及瞭解關於學生的多種資訊；（5）介紹並應用其他差異化教學活動的基本教學策略（如閱讀夥伴、寫作提示等）；（6）規劃有價值的任務；（7）根據學生特點（準備度、興趣或學習情況）實施差異化教學；（8）用教學策略達成關鍵學習目標、與學生一起討論學習目標，並能理解學生；（9）計畫全班、小組或個人的學習；（10）加強對教學過程中的指導，讓教師對基礎、常規的差異化教學課堂有一個合理的計畫（如提供指導、監控團隊運作、開始或停止團隊任務、確立對學生行為的期望等）。

二、進階級的規劃

當教師能夠自如地計畫及管理多種任務課堂時，就應將研習重點轉為解決更複雜的問題。此時指導及實務上的應用與實作更為重要，可採用大量閱讀、課堂觀摩、與各領域專家探討學生需求等主題來進行。進階級的差異化教學教師專業發展應關注的重點有：（1）學生評量：分析並判斷學生的準備狀態、

興趣和學習情況；（2）持續地運用評量，以促進教學的計畫與安排；（3）計畫高品質的教學為差異化教學的基礎；（4）課堂管理策略：建立學生期望、做好準備、記錄學生發展的資料；（5）依據教學目的彈性分組；（6）協調教師與學生的選擇；（7）使用多樣的教學策略來處理教學內容、過程和結果；（8）理解文化回應式的教學，並做好相關教學計畫；（9）以簡短的系列課程進行差異化教學；（10）清楚說明學生在課程單元中應掌握的內容；（11）建立一個支持學習者的課堂環境；（12）幫助學生成為更自信的學習者；（13）與家長和學生溝通。

三、專業級的規劃

當教師已適應基本的教學，並能適當地運用教學策略來實施差異化教學內容、過程和結果，他們就要進行更深入的研究和探討。雖然他們可能擔任協助其他教師發展差異化教學的角色，但是提升他們自身能力也不可忽略。專業級發展重點應該包括：（1）探討差異化教學的不同模式；（2）選擇單元之關鍵概念、原理和技能；（3）以關鍵概念、原理和技能，設計差異化課程和教學單元；（4）應用更複雜且適用於差異化教學的策略；（5）處理評量和評分事宜；（6）有效地使用另類的評量方式；（7）與學生合作，共同建立一個更有效、可及時回應學習者需求的課堂；（8）指導和支援學生成功地學習；（9）採取因應特殊學習需求的教學方式；（10）依課堂中差異化教學的目標進行評量。

伍 與家長及社會大眾溝通

教學改革成敗與家長有密切關係，在規劃、實施及評量的過程讓家長瞭

解也是關鍵之一，而且在實施過程也需要獲得家長與社會大眾的理解與配合。Tomlinson 與 Allan（2000, p. 103）認為，溝通時應避免使用術語，而要將重點放在對學生的影響上。因為運用太多不易瞭解的術語溝通，反而容易導致家長反感。如告訴家長差異化教學計畫，能促進學生學習的進步，也讓家長明白，教師為了協助學生學習所進行教學改進的努力，家長應該更容易接受。

其次，基於讓教育工作者和家長對差異化教學有一個共同的認識，並能使用共同語彙以及大家都能理解的語言，溝通應有一致性及持久性。此外，學校每年都會有不少新家長，所以溝通應是有計畫與長期的，如果定期提醒或提供相關資訊，較能長期持續地推動差異化教學。

至於如何溝通才能達成效果，Tomlinson 與 Allan（2000, p. 103）主張要把握下列做法：

（一）以多種形式進行差異化教學的溝通

採用多種方式來進行有效的溝通，如利用家長手冊、報紙、文章、有線電視、網站、時事通訊、家長會議等資訊。學校應針對父母提供更多經常性的溝通，分享各種形式的資訊。

（二）採取雙向互動溝通方式

差異化教學的溝通不應是單向的，家長及社區成員也應當經常瞭解教學的運作情況，與教師溝通實施效果，共同檢驗教學效果。

（三）幫助家長們理解對學生學習的意義

行政領導者和教師在差異化教學實施過程與家長溝通時，應該特別關注作業與評量的問題。首先，教師需要讓父母知道作業差異性的時機，如在親師活動中提供具體的學習需求資料，以回饋家長有關其子女在課堂之表現，並說明學生達成目標概況，以鼓勵其關注子女在課堂上的學習；其次，親師活動也可

幫助家長們瞭解教師基於因應學生學習之差異，發展適合其學習計畫之具體做法。如教師可以書面方式，提供整個班級、學生小組及個人等三種學習目標，以及個性化學習成長之報告，讓家長理解差異化教學實施過程，以及對其子女的幫助，以期獲得家長的瞭解與支持。

第二篇
教學實例

11 數學差異化教學[1]

壹 背景

　　因應社會多元化，學生多元的背景和需求，十二年國教政策期待學校藉由差異化教學，發展學生的學習潛能。筆者主持科技部一年期差異化教學合作行動研究，公開徵詢參與合作教師，其中研究個案之一的數學教師——許老師主動表達參與意願，一方面基於她對數學教學的熱愛，期待嘗試新的教學方法；另方面也藉此作為學位論文主題。許老師參與差異化教學時，任教年資已有 11 年，且均擔任中年級導師，對於中年級數學課程非常熟悉，也深具濃厚教學興趣。在十二年國教政策的推動下，許老師參與過臺北市政府舉辦之教師精進研習——差異化教學與差異化教學校本種子研習；也主動參與筆者組成的差異化教學研究團隊，逐步閱讀差異化教學文獻，建構差異化教材，實施差異化教學。

---

1 本章修改自許燕萍（2015）。運用差異化教學策略於數學教學之行動研究：國小四年級分數單元（未出版之碩士論文）。國立臺北教育大學，臺北市。經原作者同意修改刊登於本書。

　　許老師任教的學校位於臺北市新興住宅區，建校十年，是一所設備新穎、家長期待頗高的小學，全校共有 48 個普通班。學校所處的社區人口年輕化，以科技新貴、金融貿易者居多，社區及人力資源豐富，對孩子的教育期待高。學校的班級教室環境為開放教室型態（班與班不隔間），班上學生也習慣這樣的一種教學氛圍。許老師為四年 A 班的級任教師，和學生相處一年多，對於學生學習狀況及個性有一定程度的瞭解。班上座位採分組排列，在數學課堂中，常見許老師採用討論方式或穿插遊戲進行教學，也習慣搭配小白板讓每個學生書寫自己的計算過程。

　　本教學實例實施期間為 2014 年 8 月至 2015 年 7 月，許老師於此一年中施行數學三個分數單元的差異化教學。資料來源主要包含例行研討會議紀錄、教室教學觀察、教師訪談資料、教材、學生作品等文件資料，以及教師的反思札記及完成的碩士論文。研究及資料的呈現經由臺大研究倫理審查核可，並徵求許老師同意加以呈現。

貳 教學設計

　　差異化教學是一種過程導向的教學，根據學生的先備能力，提供介入與支援（Stauart & Rinaldi, 2009）。本節以一位小學教師實施為期一年的四年級數學分數單元差異化教學的實例進行說明。數學個案教師進行差異化教學主要進行的活動有：認識學生差異、擬定差異化目標、規劃教學流程、設計分層教材、活用教學策略及學後評估。

一、認識學生差異 —— 進行單元學前評估

　　數學領域的學習，每位學生的準備度差異性較其他科目明顯。為瞭解學生

在分數單元的學習準備度，老師針對該單元之特色及核心概念，對學生個別進行學前評估。單元教學活動開始之前，老師整理、歸納出學生學習該單元應具備之先備知識後，設計出學前評估單，對學生進行學前評估，以瞭解其學前準備度，並針對分數概念不清楚之學生，進行個別輔導，以利所有學生皆能具備進入本單元之學前能力，並依此評估結果作為學生分組之考量依據。

以「甲版數學四年級下學期第二單元：分數的加減和整數倍」教學單元為例。單元教學活動為七節課，包括前後各一節課進行學前評估及單元後測評量，以及五節課的差異化教學課程。單元學前評估單除包括學生具備本單元之學前準備能力外，也納入本單元的學習內容，藉此清楚掌握班上學生學習準備度之差異程度，並依此作為學生分組之考量依據。學前評估單以九年一貫能力指標：「N-2-09 能在具體情境中，初步認識分數」、「N-2-10 能認識真分數、假分數與帶分數，做同分母分數的比較、加減與整數倍的計算，並解決生活中的問題」、「N-2-11 能理解分數之『整數相除』的意涵」以及「N-2-16 能在數線上標記小數，並透過等值分數，標記簡單的分數」作為題目設計之依據，如表 11-1 分析學生學前評估所示。

從學前評估中發現：學生在分數學習上，已經具有的先備經驗，大致上已經能夠理解分數基本概念、正確指認分數在數線上的位置，並且對於假分數與帶分數的換算已能熟練。不過僅有 26% 的學生可以正確處理分數之「整數相除」的生活情境問題，但此概念是本單元中重要的基礎概念，故老師對於此題型將進行課前輔導，並於之後課程中持續強調該類題型。而在新單元概念的評估中，學生全部都已具備「同分母分數大小比較」的能力。因此，在這部分的教學將增加「異分母分數大小比較」的進階學習內容，期望學生能夠有更高層次的學習。

在此單元的教學，依學生學前評估，將學生分為三組：高分組、中分組及低分組。在高分組群的八位學生，均已具備新單元之學習概念；中分組的九位學生均可正確進行同分母分數的大小比較，對於同分母分數的加減、整數倍計

⊃表 11-1　學生學前評估分析

學習經驗	能力指標	題型	答對率
先備經驗	N-2-09 能在具體情境中，初步認識分數。	圖形與分數對應	100%
	N-2-10 能認識真分數、假分數與帶分數，做同分母分數的比較、加減與整數倍的計算，並解決生活中的問題。	假分數和帶分數換算（具體情境）	74%
		假分數和帶分數換算（計算題型）	91%
	N-2-11 能理解分數之「整數相除」的意涵。	應用題型	26%
	N-2-16 能在數線上標記小數，並透過等值分數，標記簡單的分數。	數線填空	91%
新單元概念	N-2-10 能認識真分數、假分數與帶分數，做同分母分數的比較、加減與整數倍的計算，並解決生活中的問題。	同分母分數大小比較	100%
		同分母分數的減法計算	70%
		同分母分數的加法計算	78%
		分數的整數倍計算	65%
	N-2-11 能理解分數之「整數相除」的意涵。	分數的應用	65%

算以及分數應用上，只有大約七成的學生已經具備此能力。在低分組的六位學生中，也都能夠正確進行同分母分數的大小比較，但是在同分母分數的減法計算僅有三分之一的學生能夠正確解答。因此，對於分數整數倍計算之能力可再加以增強。

　　學前評估目的是幫助教師瞭解學生學習準備度。在三次行動循環中，學前評估內容從評估學生舊概念的習得，不斷調整到全部以新概念作為評估的內容。在前導研究中，老師透過學前評估瞭解學生對於分數概念的舊經驗，但在教學過程中，此次學前評估結果尚不足以讓老師明白哪些學生已經具備新單元的學習能力，教師便難以掌握該為哪些學生準備加深的教材；而在第二次行動循環中，學前評估針對新舊概念參半的結果，教師便可以更清楚明白學生在新單元中的位置，也就能為這些高層次的學生設計進階學習目標；最後一次行動循環中，學前評估全以新概念作為評估的內容，教師發覺這樣的評估結果更符合差異化教學的期待，且完全能夠掌握學生先備能力，清楚知道需要扶弱或拔

尖的學生人數及對象。因此，新單元學習概念的評估可以作為差異化教學的起點，作為後續教學計畫的方向及參考。

二、擬定差異化目標

依據學前評估結果及教材特性，個案教師將學習目標分為基礎目標及進階目標。前者為全班學生均可達成的學習表現，後者提供進階學習的加深課程。茲舉例說明如表 11-2：

⊃表 11-2　分數單元學習目標制定

單元重點	基礎目標	進階目標
同分母分數大小比較	能在具體情境中，進行同分母分數的大小比較。	能透過數線模式或圖形表徵比較異分母分數的大小。
分數的加減和整數倍	能在具體情境中，解決被乘數是假分數或帶分數的問題，並用算式記錄解題過程和結果。	能在具體情境中，運用分配律計算方法解決被乘數是帶分數的問題，並用算式記錄解題過程和結果。
分數的應用	能解決「分數是整數相除概念」的分數的簡單整數倍之兩步驟問題。	能用一個算式記錄並解決「分數是整數相除概念」的分數的簡單整數倍之兩步驟問題。

再以「第二單元：分數加減和整數倍」教學單元為例，老師設定的學習目標如表 11-3：

⊃表 11-3　分數加減和整數倍學習目標制定

教學節次	基礎目標	進階目標
第一節：同分母分數大小比較	能在具體情境中，進行同分母分數的大小比較。	能透過數線模式或圖形表徵比較異分母分數的大小。
第二節：同分母分數的加法	在具體情境中，能解決同分母分數的加法問題。	

（續下頁）

教學節次	基礎目標	進階目標
第三節: 同分母分數的減法	在具體情境中,能解決同分母分數的減法問題。	
第四節: 分數的整數倍	能在具體情境中,解決被乘數是假分數或帶分數的問題,並用算式記錄解題過程和結果。	能在具體情境中,運用分配律計算方法解決被乘數是帶分數的問題,並用算式記錄解題過程和結果。

三、規劃差異化教學流程

　　將差異化教學理論轉化為差異化教學流程,是個案教師進行差異化教學中最具挑戰的任務。

　　圖 11-1 所示,為三次分數單元教學的數學差異化教學流程,教師依其設計的教學要點,提出「合、分、合、分」的教學架構,第一次的「合」為全班教學,經由示範,指導學生學習的重點;第一次的「分」為透過個別練習自學或是小組討論合作,引領學生進一步深度學習;第二次的「合」為澄清歸納階段,以加強學習概念的理解;最後的「分」是經由評估、回饋掌握各層次學生學習表現,瞭解其自學情況,並由教師整合知識,再針對學生的問題進行補充或補救教學。

　　教師強調差異化教學的重點不在建立一套教學模式,而是建構出最適合自己學生的教學方式,教學流程依據教材特性與班級學生需求而有不同。最常見的調整即是課程內容的順序及進度,每一節課實施前,教師會再確認前一節課學生的表現,適度調整下一節課的流程;另一種常見的調整是增加或刪去原先設計的教學內容,當老師發現學生已經具備核心學習概念時,便減少無謂的重複練習;但當學生學習遇到困境時,老師則需要設計補充的教學(札 20150316,訪 20150501)。

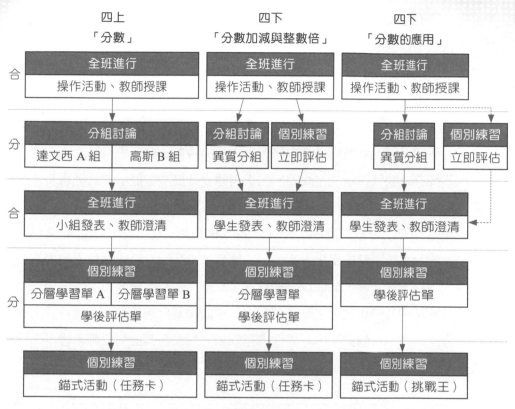

○ 圖 11-1　數學差異化教學流程

四、設計差異化分層學習內容

　　為了進行差異化教學，老師對課綱中所有的分數單元做全面檢閱（札20150302），設計分層學習單。第一個單元中，分層學習單設計是在相同題幹下，給予不同層次學生不同的解題提示；第二分數單元，分層學習單的設計依據分層目標之差異，設計不同難度的學習內容，讓不同層次的學生皆可以在自己的程度中做最適合自己的學習，並隨時準備進一階的學習內容。

　　老師在第一單元嘗試設計兩組分層學習單，在兩組題幹相同的前提下，給予 A 組學生較多的解題提示，而 B 組學生之學習單中沒有提供提示說明，希望

學生可以獨立完成。設計題幹相同的原因是不希望讓 A 組學生覺得受到差別待遇，而有被貼標籤之感受。分層學習單是老師在課前預設學生在學習中可能會出現之學習困境，於學習單中透過提示來幫助學生學習，即 A 組學生之分層學習單增加圖形及文字的提示；而 B 組學生之分層學習單，僅提供布題沒有給予提示。但在實際教學時，老師發現提示過多的細節及文字的說明，反而造成學生學習的困擾。因此重新檢視分層學習單出現的時機，發現學生概念不清時，提供教具操作盒取代提示文字說明。如果需建立分層文字提示，教材層次性應逐步呈現，避免學生淹沒於大量資訊中，不易習得重點（札 20141204）。

　　在第三單元「分數的應用」，教師將教材分為三組，除了運用分層學習單外，並設計提示卡幫助學生自主學習。高分組學生回答綜合性強、難度高、靈活性大的探索性問題，並能以一個算式來記錄問題及解題成功；中分組學生回答稍有靈活性及變化性的主題練習問題，並鼓勵其能夠挑戰以一個算式來解題；低分組學生回答較簡單的基礎性練習問題，並允許其能夠以兩步驟以上的算式來記錄解題過程，如圖 11-2 所示。

高分組分層學習單		中分組分層學習單		低分組分層學習單	
(1) 把 $\frac{23}{6}$ 公斤的蘋果裝在 1 公斤的箱子裡，請問 6 箱蘋果總重是多少公斤？	用一個算式記錄：	(1) 3 顆柳丁可以榨出 50cc 的果汁，28 顆柳丁可以榨出幾 cc 的果汁？	用一個算式記錄：	(1) 5 瓶果汁共有 18 公升，1 瓶果汁有幾公升？7 瓶果汁共有幾公升？	兩步驟算法： 試試看用一個算式記錄：
(2) 兔子跳 1 次的距離是 $\frac{27}{25}$ 公尺，青蛙跳 1 次的距離是 $\frac{21}{25}$ 公尺，兔子和青蛙同時往同方向跳 12 次後，會相差幾公尺？	用一個算式記錄：	(2) 1 顆西瓜重 $6\frac{1}{3}$ 公斤，把 3 顆西瓜放進藍子裡秤重，秤面上的指針指在 20 公斤，請問藍子重幾公斤？	用一個算式記錄：	(2) 8 盒相同的餅乾共重 4 公斤，1 盒餅乾重幾公斤？20 盒餅乾共重幾公斤？	兩步驟算法： 試試看用一個算式記錄：
(3) 有一條繩子剛好可以圍成一個邊長是 $3\frac{1}{5}$ 公尺的正方形，現在用這條繩子圍成一個正三角形，請問此正三角形的邊長是幾公尺？	用一個算式記錄：	(3) 把 $\frac{23}{6}$ 公斤的蘋果裝在 1 公斤的箱子裡，請問 6 箱蘋果總重是多少公斤？	用一個算式記錄： 試試看用一個算式記錄：	(3) 3 顆柳丁可以榨出 50cc 的果汁，28 顆柳丁可以榨出幾 cc 的果汁？	兩步驟算法： 試試看用一個算式記錄：
(4) 右圖每 1 小格的面積都一樣大，塗色部分的面積共是 35 平方公分，白色部分的面積共是多少平方公分？	用一個算式記錄：	(4) 兔子跳 1 次的距離是 $\frac{27}{25}$ 公尺，青蛙跳 1 次的距離是 $\frac{21}{25}$ 公尺。兔子和青蛙同時往同方向跳 12 次後，會相差幾公尺？	兩步驟算法： 試試看用一個算式記錄：	(4) 1 顆西瓜重 $6\frac{1}{3}$ 公斤，把 3 顆西瓜放進藍子裡秤重，秤面上的指針指在 20 公斤，請問藍子重幾公斤？	兩步驟算法： 試試看用一個算式記錄：

⟳ 圖 11-2　分層學習單

　　提示卡的作用在於培養學生自學能力。提示卡正面顯示題目，反面則提示解題步驟，當學生無法順利解題時，可以參考解題步驟幫助思考，如圖 11-3 所示。

分層學習單提示卡正面	分層學習單提示卡反面
(1) 5 瓶果汁共有 18 公升，1 瓶果汁有幾公升？7 瓶果汁共有幾公升？	步驟一：先算 1 瓶果汁有幾公升？ 　　　　是 18÷5 還是 5÷18？ 步驟二：再算 7 瓶果汁有幾公升？

⊃ **圖 11-3　分層學習單提示卡**

　　三組分層學習單分不同顏色呈現，且其中的題目都有重疊，如低分組分層學習單中有二題題目與中分組相同；而中分組亦有二題題目與高分組相同。當學生完成自己的分層學習單後，可以去找相同層次（相同顏色）學習單的同學互相討論、互教互學，讓學生自己訂正，進行同質合作；或是找不同層次（不同顏色）學習單的同學，一起討論相同的題目，進行跨層次合作學習。當學生帶著想法與他人進行討論時，可以發展出更多的對話。

　　普通班級課堂中，若要對學生進行差異化教學時，通常會有兩種辦法（夏正江，2008）：一種是將學生按照學業成績或學習能力進行分層，再針對不同分層的學生所需進行分層教學；另一種方法是教師不將學生分層，而是努力將「交流」、「互動」和「對話」等因素引入課堂教學中，使學生互教互學。此單元的分層學習單之設計融合以上兩種方式，首先將學生分層，提供不同的分層作業，再將分層打散，讓學生可以跨層次進行合作與交流，促進學習成效。分層學習單的運作效果不錯，學生討論情況熱絡，即使已經下課，學生似乎沒有聽見鐘聲響起，仍然繼續進行討論，而老師也希望延續學生思考，沒有結束這場討論，讓大家沉浸在學習氛圍中，教室裡上演著和諧學習的進行式。

五、嘗試多元活動策略

在本教學實例的差異化教學中，個案教師運用許多策略，如運用任務卡、挑戰王等錨式活動、彈性分組、增加具體操作教具和分站學習（stations）等，以促進學生學習效果。

（一）增加具體操作，教具深化分數概念學習

等值分數教學中，老師設計許多生活實例引導學生明瞭其意義，尤其運用多種操作教具幫助學生建立等值分數的概念，包括：圓形分數板、色紙、長條紙、貼紙、花片、布尺及定位板。特別是在離散量問題中，學生首次接觸單位分數，無法正確辨認各個線索間的關係，因此具體教具及圖示表徵可以幫助其思考與連結。不過老師也發現，離散量圖卡對某些學生來說有其益處，但對某些學生來說，排列整齊的離散量圖形會讓其產生困擾，需要將內容物打散後，學生才會理解除法的意義。老師仔細觀察課本教材，發現當中的圖形多為整齊排列，其用意是方便學生做分割，卻也限制了學生的思考。此亦提醒老師要深入發現學生學習的困境，瞭解每個學生的獨特性，並在課堂中增加不同的學習素材，讓學生透過不同的路徑學習。

（二）錨式活動增強學生挑戰意願並節省資源

在前兩個單元中發現，設計挑戰任務卡會因時間限制而作用有限。因此，在第三單元教學中，老師調整錨式活動的方式，改以「挑戰王」在公布欄呈現的形式出現，如圖 11-4。

圖 11-4 中的便利貼為學生個人的答案，學習具有模仿性，學生會關注他人正在進行的活動，進而加入參與，當有同學在「挑戰王」前駐足思考時，便有許多同學靠近一起分享討論。錨式活動以「挑戰王」形式出現，提升學生挑

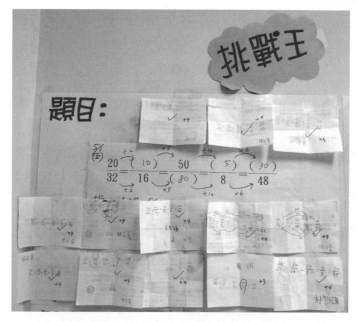

⊃ 圖 11-4　以公布欄呈現錨式活動

戰意願，尤其是中、高分組的學生，挑戰人數較分層學習單（如圖 11-2、圖 11-3）明顯提升，但也可發現低分組學生參與度仍不高。錨式活動本是希望提供中、高分組的學生伸展跳躍的額外學習，在學習之餘進一步挑戰自我能力；而低分組的學生，因為在基礎學習上需要花費較多時間，因此可能在時間及能力上都無法配合參與，老師可採增強或是給予提示的方式來鼓勵其挑戰。

（三）彈性調整教學活動

在第三單元中，老師原希望學生透過具體操作物來強化概念，但發現學生反而沉浸在摺紙活動中，於是靈機一動，聯想到美勞課正要教學生做園遊會的海報，「不如就花一節課來讓大家盡情摺紙吧！」決定結合摺紙，讓學生一邊學數學，一邊學美勞。接下來的課堂中老師索性與學生討論海報製作的要素：插圖、標題、內容；假設這三項要素的版面約各占海報的 1/3，並且發給

每人一張白紙,讓學生嘗試摺出三等份,並在其中布局。一開始,學生都是以單一方式思考,後經老師引導 1/3 的等值分數有 2/6、3/9、4/12 後,開始有幾個學生設計出較具創造力的版面型態,開啟學生不一樣的思考,越來越多的編排方式因而產生。過程中,學生開始發現,原來製作海報的時候也會運用到等值分數概念,其中有位學生在課堂中突然有感而發地說:「老師!這是摺紙,也是在上數學耶!」老師過去會為了趕進度而沒有仔細思考學生的需求,現在已經會停下腳步,細細思考學生學習的問題,甚至會想辦法等學生準備好了再繼續前進。雖然還是會有進度上的擔憂,可是心中會有一種聲音告訴自己,這才是學生需要的,要將基礎打得穩固,建築物才能蓋得又高又好啊!(訪20150507)。

(四)分站學習

　　分站活動基於尊重學生學習興趣及學習風格之差異,期望學生能透過不同的學習活動對於分數概念有更深的理解。以第三單元概念為例,老師考量學生的興趣及風格,設計六站學習活動,其中包含三項分組活動,三項個別學習活動,提供學生自由選擇的機會。其中「分數賓果」、「分數、小數碰碰樂」及「等值分數摩斯密碼」之分站活動設計,主要是期望學生在異質分組中,靈活運用學生間之不同學習優勢,互教互學達成學習目的。而「俄羅斯轉盤」、「我是小園丁」及「自我挑戰」三個項目是以個別學習方式來進行,主要是考量學生不同之學習風格,在獨立自學的情境中反而能有較好的學習成效;其中「俄羅斯轉盤」因難度較高,故學生可以採取兩人一組之夥伴分組方式來進行。所有學生需要在六項活動中至少挑選四項來完成,若有興趣也可以全部挑戰,各項活動內容及方式如表 11-4。

　　分組合作的學習活動幫助學生相互提升,但是每個學生有其不同的學習興趣及風格,為了因應不同學生的需求,老師應設計個別學習的活動,如:「俄羅斯轉盤」、「我是小園丁」及「自我挑戰」三個項目,讓喜歡獨立學習的學

⇨ 表 11-4　分站學習活動內容

活動名稱	人數	內容說明
分數賓果	4 人	1. 在賓果單中分別寫入 4 個等值分數，分母不超過 30。 2. 學生經由檢查表，檢視自己所填入的分數是否正確。 3. 先由其中一人開始喊數字，自己的賓果單中有此分數即可圈起來。 4. 同組學生依序輪流喊數字。 5. 最先連成 3 條線則獲勝。
分數、小數碰碰樂	4 人	1. 各組成員先依照提示製作碰碰樂卡片（每人製作 6 張）。 2. 組員互相確認大家所換算的數值是否正確。 3. 將所有卡片混合洗均勻後，抽出其中一張當鬼牌，鬼牌數字不能讓大家看到。 4. 將剩下的卡片全部發下給組員，由其中一個同學開始從右側同學手上抽一張卡片，若是跟手中卡片等值，則可以丟出。 5. 第二位同學再從右側同學手中抽一張卡片，依序玩下去。 6. 最先把牌脫手（沒有牌）的同學為贏家。
等值分數摩斯密碼	4 人	1. 每人拿一張摩斯密碼單。 2. 每人依據單子上面提示找出密碼。 3. 小組四人將各自得到的密碼拼組成一個有意義的字，並貼在答案紙上，最後寫出小組討論後的謎底。
俄羅斯轉盤	1-2 人	1. 根據學習單內容，找出轉盤最後一個區域所占的比例大小。 2. 依據各個區域的大小，依序找到其所代表的禮物項目。 3. 將禮物貼紙正確貼在轉盤各區域內，即完成此項任務。
我是小園丁	個別學習	1. 依據提示找出各色花朵數量。 2. 將花朵正確數量透過貼紙貼在花圃中。 3. 最後美化花圃後即完成小園丁任務。
自我挑戰	個別學習	以下二擇一進行： 1. 寫下自己在「分數」課程中的學習心得，可以寫出收穫、困惑、遇到的困難，或是有什麼想對老師說的悄悄話都可以喔！ 2. 在三個超級難題中選擇一題來挑戰，並經由老師確認無誤後，上台講解給所有同學聽（上台講解時間會安排在分站活動結束時）。

生有機會選擇適合自己的學習方式；「俄羅斯轉盤」的難度較高，學生可以獨力完成，或是自尋一位夥伴合作完成；「我是小園丁」是在相同題幹下，讓學

生展現不同的學習成果，從學生作品中可以發現不同的創意及美感；最後「自我挑戰」活動中，分享學習心得可以提供「理解型」學習風格學生表現機會，讓他們透過文字來敘述所經歷到的事情。

分站學習的各項遊戲裡，安排了許多具競爭性的挑戰問題，老師表示：

我看到了高成就孩子的潛力被激發，而低成就的孩子在課堂中也因有趣的闖關題型，顯現躍躍欲試、突破界線的衝勁，令人感動。課程活動進行中，孩子不顯無聊，人人有事做，人人期許自己能發現問題的解答。我想，這是身為一位教師最喜歡看到的教室風景。

（饋 T 美 20150504）

六、學後評估單豐富學習成果多樣性

Tomlinson（1999）認為，傳統教室中常用單一的形式來評估學生的學習，而在差異化的課堂中，教師會使用多種方式來評估學生學習。多數教師採用了擬題和九宮格練習題進行課後評估。

學後評估單可採用九宮格賓果連線法，讓學生有機會選擇有把握或有興趣的題目來解題，亦可以透過開放題型展現學生學習成果之差異；九宮格賓果以選題連線方式進行，教師可視當節課教學進度，規定學生應連線的數量，除了讓學生練習外，亦提供學生自由選擇的機會，增加學習的趣味性，如圖 11-5 所示。

學後評估單的設計也可以展現學生不同的學習成果。學後評估單中，加入擬題活動、開放性問題，以展現學生的成果差異，讓學生依照算式自行研擬一個合理的文字應用題目，並布置於班級公布欄中，讓學生互相交流分享。大多數學生皆可從生活情境中著手，設計合理且正確的文字敘述題，題目設計也涵蓋連續量及離散量之情境。

學後評估單 1　座號：＿＿＿＿＿　　姓名：＿＿＿＿＿＿　　日期：＿＿＿年＿＿月＿＿日

※本日指定完成連線（　　）條

寫出分母為 6 的所有真分數。

寫出分子為 6 的所有假分數。

下圖用假分數表示，共有（　）盒；

下圖用帶分數表示，共有（　）盒。

填入整數、真分數或帶分數：

$$0 \underline{\quad\quad} 1 (\ ) 1 (\ )(\ )$$
$$\frac{1}{3}\ (\ )$$

「$\frac{14}{6}$」讀作（　　　）。

「四又八分之七」記作（　　　）。

（　）關於分數的敘述，下面何者正確？
①$\frac{7}{3}$ 是真分數　②$\frac{12}{5}$ 是帶分數
③$1\frac{3}{8}$ 是帶分數　④$\frac{6}{6}$ 和 $\frac{2}{2}$ 一樣大，都是真分數

$\frac{7}{5}$，$\frac{40}{12}$，$\frac{4}{13}$，$2\frac{22}{33}$，$3\frac{3}{7}$，$\frac{67}{25}$

(1)是真分數的有（　）
(2)是假分數的有（　）
(3)是帶分數的有（　）

下面的彩帶長（　）公尺。

1公尺　1公尺　1公尺　$\frac{3}{4}$公尺

1 張圓形圖卡平分成 8 份，請將 $2\frac{3}{8}$ 張圖卡塗上顏色。

（　）有一個真分數 $\frac{3}{\square}$，$\square$ 中不可能是多少？
①2 ②4 ③5 ④6

□真棒！超越今日目標，連線成功（　）條。

□不錯喔！已達成今日目標，可以再試著挑戰自我！

□未達成目標，加油！

○ 圖 11-5　九宮格賞果連線法

在班級公布欄中呈現所有學生的擬題設計，可以幫助學生相互觀摩學習，從別人的情境設計中，發覺自己的缺失及錯誤，並加以調整及修正；老師亦可運用開放性題型，讓學生自選數字後，再依照題意完成解題，除了增加學生選擇的自主性外，在同一個題幹之下，也展現成果的多樣性（札 20141201），如圖 11-6 所示。

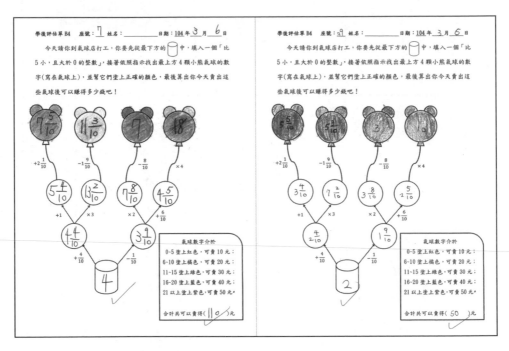

⊃ **圖 11-6　學後評估單學生作品**

參　挑戰與因應方式

Grimes 與 Stevens（2009）認為，應該讓學生瞭解自己的程度，負責正確評估自己的準備情況，並且選擇適合自己的學習工作及任務，若是學生的評估不夠準確，或是選擇了不適合他們的準備水平的任務，教師再適時介入重定他

所相應的任務。然而國內教學現場中，並沒有這樣差異化的教學脈絡及經驗，加上研究場域中的家長普遍對孩子的期待高，認為自己孩子皆很優秀，難以接受自己的孩子不如他人，因此，雖然期待新的教學方式，但也因缺乏對差異化教學的深度理解，以致不太能接受分層的教學方式。

一、挑戰

（一）學校課程進度的壓力

學校課程教學有結構上的安排，教師進行差異化教學時，「掌握時間效率」和「兼顧學生差異」常是相互衝突的。差異化課堂，原意在讓學生主動探索，說出自己獨特的見解，透過差異的路徑來發展概念。為了解決「趕」的問題，老師發現自己不得不減少學生分享的時間（訪 20150212；札 20150302）。

（二）標籤文化的擔憂

進行差異化教學，個案教師最審慎處理的是區分學習差異過程中，學生和家長擔心的標籤作用。在臺灣教學現場中，常將差異視為學習的好壞，加上研究場域中的家長普遍對孩子的期待高，差異區分易被解讀為自己的孩子「不如人」。因此，在差異化教學中，老師便需小心翼翼地處理分層學習，努力將學生能力一視同仁（札 20150309）。

（三）班級王國的孤立感

老師任教的學校，採開放教室型態，形式上雖是開放的，但班級王國深植於臺灣學校教室，教師很少涉入別班的活動型態。學校沒有其他教師同時進行差異化教學，加上學校有許多活動如學校日、園遊會、游泳比賽等，在學校中能夠相互交流與討論差異化教學的人不多，單獨進行差異化教學是一個相當大

的負擔；此外，差異化教學中加深加廣的延伸教材及小組討論安排等，使得教學進度明顯較其他班級來得慢。當學生或家長跟別班比較的時候，老師更會因為自己的單打獨鬥或「特立獨行」感到徬徨與不安（訪 20150507）。

（四）主客異位的校外補習班教學

在都會型學校，校內及校外補習班共構的教學活動已成不爭的事實。面對這群在補習班已學過的孩子，老師經歷不少考驗，如矯正學生似是而非的概念，課程進度不一的疑慮；在教學過程中，試圖一一瞭解學生在補習班學習的狀況，做概念的釐清，或設計挑戰方式喚起他們對「已學過內容」的好奇和興趣。實施差異化教學，為使分數概念更具一貫性，老師也做了教科單元順序的調整，但產生班級課程與補習班不同步的狀況，引起學生學習上的疑慮（訪 20150305）。

二、從轉化中加以因應

（一）恪守差異化原則到看見差異的孩子

嘗試差異化教學初始，老師藉由工作坊、研習活動、在職進修等方式，用心鑽研差異化教學理論，依據前測分數刻意將學生分為兩組（高、低能力）或三組（高、中、低能力）；進行教材分層設計；找尋各種看得出「差異化」的教學策略。「理論中提及的差異化教學」，不斷挑戰老師的思考和行為模式。幾番掙扎，老師發現唯有契合學生真實的學習需求，才是差異化教學的精神。

（二）謹遵教科書內容到生活即課程

學校教科書是臺灣師生教學的聖典。對教師而言，依據教科書內容加強計算技能的演練是最安全的方式。嘗試差異化教學，教師需對課綱中所有的分數單元做全面檢閱，個案教師說：「在這個過程中，不僅是幫助學生獲得知識，

其實成長最多的是教師，重新看見不一樣的學生，也看見不一樣的自己。」
（札 20150302）教學中不再堅持一些細微末節的規定，打破從「書本中學數學」，進而嘗試「生活中做數學」，配合學校園遊會海報、母親節活動，運用數學分數概念，結合藝文課程，由師生共同參與知識創新的過程，建構生活化的教學內容。

（三）擺脫統一，看見「真正的教育公平」

十多年累積的教學經驗，老師習慣讓學生做很多數學練習。接觸差異化教學後，現在最大的轉變在於認真看待每一個孩子。個案教師指出：

> 過去將學生視為一塊塊「黏土」，雖然每一塊黏土的質地不同，但是都有自信能夠將他們皆捏塑成一樣的成品，希望學生能達到的目標皆相同。而這就是我一直認為的教育公平，我深信自己正在公平的對待每一個孩子……接觸差異化教學後，我將每一個學生視為獨立的個體，我會去察覺每個學生的特質，若他們也像是「黏土」一般，我仍然希望學生能夠成為出色的成品……不過最後是希望幫助他們成為獨一無二的成品。對差異化教學來說，公平就是提供每位學生他們個別所需要的東西。
>
> （會議 20150528）

（四）免於標籤的遁形慎思

大部分家長會擔心孩子在學校被「差別對待」；為審慎處理學生差異，老師發展出一些策略：建立可接受的分組及作業規則、分層學習中任務分配增加學習使命感。差異化教學中，老師在單元教學前對學生進行評估，她發現不能像以往概括性地將學生定位於特定的學習層次，差異化教學的評估，可將學

生調整至符合其學習需求的支持做法；而分層學習中任務分配可增加學習使命感。臺灣課室中有固定的教學內容、統一的進度及學習目標，在家長難以接受孩子與別人有「差異」的文化背景下，教師需要為學生建構出量身訂做、客製化的差異化教學。

（五）藉由社群參與，打破單打獨鬥

教師要打破教科書的框架，重新建構教學的內容及流程，並非易事。在教師差異化教學的過程中，課程構思及編寫、學習素材的設計及生成、教具從無到有，彷彿在跟時間賽跑，獨自承擔授課進度的壓力。為打破「只有我一個人這樣」的孤單感，老師參加差異化教學工作坊，也主動邀請隔壁教師入班觀課。「經由研究諍友們在課堂觀察後的回饋，則能夠幫助我看見更多學生學習的樣貌，進行調整及修正。」（訪 20150528）透過小小「社群」的力量，從回饋中獲得新的啟發，有助於教師化解單打獨鬥的侷限。

Chapter 12 國語文閱讀差異化教學 [2]

壹 背景

　　閱讀能力是兒童學習的基礎，近年臺灣重視閱讀教育，國小也推動許多閱讀計畫，但學生的閱讀能力與興趣仍存在明顯的個別差異。國語文閱讀差異化教學個案李老師任教的班級也是如此。李老師任教的國小位於新竹市郊區，學校附近工廠林立，學區弱勢家庭比例偏高，家長大多為工廠作業員，少部分從事服務業，因忙於生計，對學校教學及學生課業的關心程度偏低，且家中普遍沒有適合孩子閱讀的書籍，因此孩子的閱讀啟蒙完全仰賴學校及老師。

　　李老師是六年太陽班的導師，和學生相處一年多，對學生的能力和興趣有相當的瞭解。從五年級開始，李老師在國語課堂實施多層次提問教學，但因為學生閱讀理解能力的落差，對於課文內容深究的提問及討論，常只有少數固定學生發表，多數學生只是被動聆聽；為了讓多數學生可以參與討論，李老師必須降低提問的層次，討論學生雖然變多了，但對閱讀能力的提升卻有限。面對此種困境，李老師在新竹教育大學課程與教學碩士在職專班進修時，接觸到差

2　本章修改自李惠娉（2015）。**國小六年級閱讀課程運用差異化教學之行動研究**（未出版之碩士論文）。國立新竹教育大學，新竹市。*經原作者同意修改刊登於本書。*

異化教學，深刻感受到其理念能關注到不同學習程度學生的需求，若在閱讀課程實施差異化教學，應可提升學生的閱讀理解能力，改善班級閱讀風氣。於是結合碩士論文的研究，在學生六年級時開始進行閱讀差異化教學的行動研究。

李老師任教年資 12 年，皆擔任班級導師，對國小國語課程相當熟悉。曾連續五年擔任「金門縣國民教育輔導團—本國語文領域輔導員」，對本國語文領域之教學有濃厚的興趣與深入的研究。研究所的進修更精進了自己在課程與教學設計的專業，嘗試將差異化教學運用在閱讀課程，以助於解決教學現場的問題，也能促進自己的專業成長。

教學實例取自 2014 年 9 月到 2014 年 12 月進行的閱讀差異化教學，共計六個教材文本，每一文本為四節課，整體歷時十週共計 30 節課。資料來源主要包含教室觀察、文件資料、教學省思札記、學生作品、學生訪談紀錄及完成的碩士論文。

貳 教學設計

Tomlinson（1999, 2001）指出，差異化教學是針對同一班級之不同學習準備度、學習興趣和學習風格的學生，提供多元適性之學習輔導方案的一種教學模式，教師可從學習內容（content）、學習過程（process）、學習成果（product）及學習環境（learning environment）四面向進行彈性的規劃調整，以符合每一位學生不同的學習需求。因此李老師嘗試從教材、教法、分組和評量四個面向進行調整，打造客製化的閱讀教學活動。本課程方案共分為三個循環，差異化教學主要進行的活動有：（1）評估學生閱讀理解能力的差異；（2）從單一教材漸進為多種教材；（3）靈活使用彈性分組策略；（4）內容深究活動依能力分組進行分層學習；（5）閱讀延伸活動依興趣分組發揮個人專長；（6）以分層學習單和多種成果展示進行多元評量。

一、評估學生閱讀理解能力的差異

　　差異化教學強調教師應關注學生「起始點」的個別差異，才能根據其起始點給予適當的任務及鷹架，使教學更有效（Heacox, 2002）。為了瞭解學生閱讀理解能力的差異，李老師於實施課程方案前一週以「中文閱讀理解測驗」進行前測，並依測驗分數將全班學生依程度分為高、中、低三組，分組完畢後，高分組共九人、中分組共九人、低分組共八人。

　　「中文閱讀理解測驗」之測驗題目共分為五個層次，其中第一層次為「基本語言」能力、第二層次為「直接提取」能力、第三層次為「推論訊息」能力、第四層次為「摘取大意」能力、第五層次為「比較評估」能力。表 12-1 為三組學生在五個層次閱讀理解能力的答對率。由表 12-1 可知高分組學生在推論訊息、摘取大意、比較評估三個層次還有進步空間；中分組學生在直接提取、推論訊息、摘取大意、比較評估四個層次可以多加強；而低分組學生則是五個層次的能力都未達標準，需要多多加油，更需要教師給予較多的協助。

⊃ **表 12-1　三組學生在「中文閱讀理解測驗」的前測分析**

組別	高分組答對率	中分組答對率	低分組答對率
基本語言	90.0%	80.8%	67.9%
直接提取	90.8%	78.7%	60.3%
推論訊息	80.0%	64.5%	54.2%
摘取大意	80.2%	59.3%	44.8%
比較評估	82.9%	65.2%	52.9%

二、從單一教材漸進為多種教材

　　即使是同年級的學生，同一份教材也無法總是適合所有人，如果採用多種版本的課本，同時配合使用其他教材資源，會增進學習內容和學生的匹配程

度（Tomlinson, 2001）。在普通班級中實施閱讀教學，面對不同閱讀理解能力的學生，老師循序漸進地採用單一教材、不同難度的多種教材、不同主題的課外教材等策略，來增加教材與學生之間的匹配程度。第一循環全班統一採用國語課本的課文（單一教材）；第二循環則是以課文的主題為主，但高分組閱讀延伸版文本，中分組閱讀課文，低分組閱讀簡易版文本（不同難度的多種教材）；第三循環則由學生自選文本，包含兩個單元，第一個單元是由教師示範可以從何處挑選適合自己的優良文本，第二個單元則是讓學生實際去挑選自己感興趣的優良文本（不同主題的課外教材），希望透過這樣循序漸進的設計，培養學生挑選優良課外文本的能力。

本課程方案所採用之文本一覽表，整理如表 12-2。

○表 12-2　本課程方案所採用之文本一覽表

循環別 策略	篇次 文體	題目	文本出處
第一循環 單一教材	第一篇 故事體	神奇的藍絲帶	國語課本
	第二篇 說明文	笛卡爾的迷失	國語課本
第二循環 不同難度 多種教材	第三篇 故事體	易：秦始皇的地下護衛軍 中：神秘的海底古城 難：台灣海底古城牆之謎	南一版五下 國語課本 生存密碼 —— 世界未解之謎（臺北：健行）
	第四篇 說明文	易：說話的技巧 中：談辯論 難：如何準備好一場辯論賽	教師改編自翰林版五下「談語言表達的技巧」 國語課本 中華辯論研究發展協會理事長張宇韶演講稿

（續下頁）

循環別 策略	篇次 文體	題目	文本出處
第三循環 不同主題 課外教材	第五篇	機器人狂想曲 動物建築師 球是圓的	2014 年 10 月 7 日《國語日報》 2014 年 6 月號《未來少年》雜誌 文化部兒童文化館網站
	第六篇	最美的一瞬 黑夜的獵殺高手 —— 貓頭鷹 奇幻繽紛的高空煙火 跑道 地圖女孩 vs. 鯨魚男孩	2014 年 11 月 15 日《國語日報》 2014 年 3 月號《未來少年》雜誌 2014 年 1 月號《未來少年》雜誌 陳肇宜（臺北：小兵） 王淑芬（臺北：天下雜誌）

三、靈活使用彈性分組策略

　　彈性分組是差異化教學的核心，教師應根據學生的學習情形和需要來組建教學小組，讓學生選擇適合自己的學習活動（Heacox, 2002）。差異化教學的課堂教學安排應是全班活動、小組活動、個人活動的有機組合，Tomlinson（2001）闡明教師在課堂中應靈活運用「收—放—收—放」不斷交替循環的彈性分組技巧。基於上述，本課程方案每一篇文本的閱讀教學為四節課，其「彈性分組」運作流程大致為：全班概覽課文及討論文本主旨、先以異質性分組進行小組討論文本大意與發表並接著個人課堂練習、再以同質性的能力小組進行多層次提問之討論、團體討論及教師回饋歸納，最後再以同質性的興趣小組進行延伸活動、團體討論及教師回饋總結、個人多元作業。茲將一篇文本四節課的「彈性分組」運作流程繪製如圖 12-1。

團體 ←——————————————————————————→ 個人

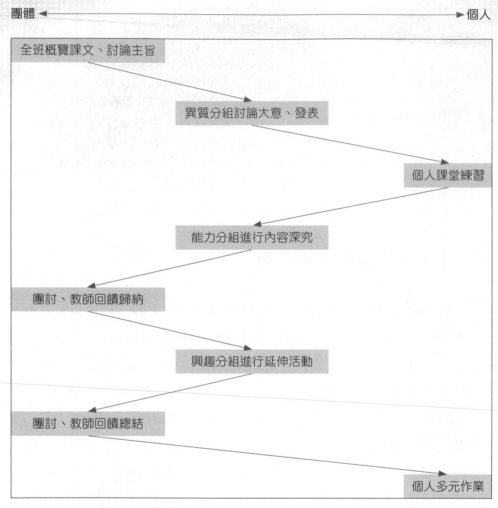

全班概覽課文、討論主旨

異質分組討論大意、發表

個人課堂練習

能力分組進行內容深究

團討、教師回饋歸納

興趣分組進行延伸活動

團討、教師回饋總結

個人多元作業

● 圖 12-1　彈性分組運作流程圖

四、內容深究活動依能力分組進行分層學習

內容深究的目的是透過不同閱讀理解層次的提問教學，深化學生對文本的理解，提升學生的思考層次。「中文閱讀理解測驗」將閱讀理解能力分為基本語言、直接提取、推論訊息、摘取大意、比較評估五個不同的層次。而差異化

教學的階梯式任務策略、2-5-8 選單法策略,即強調教師應針對 Bloom 的目標分類學中認知領域之知識、理解、應用、分析、評鑑、創造六個層次,設計不同認知層次的學習任務,以符合不同程度學生的需求,故第一、二循環老師採用階梯式任務、2-5-8 選單法這兩項策略。

階梯式任務是依活動及學習內容本身的複雜度或難度區分,在教學時採用階梯式任務的目的,是希望讓更多學生從現有的起始點出發來學習更高層次的知識和技能。教師可參照 Bloom 的認知層次,根據挑戰性的不同水平來設計階梯式任務(Heacox, 2002; Tomlinson, 2001)。

在第一循環,老師採階梯式任務策略來進行內容深究,給予每一組學生適合自己能力的學習單。而根據經驗,當學生合作學習的技巧不足時,組員人數過多反而容易起爭執或有組員閒置的情形發生,因此老師先將全班學生依能力進行同質性兩兩配對,然後給予高分組的學習單,其內容以分析、評鑑、創造層次的問題為主;中分組的學習單,則以理解、應用、分析層次的問題為主;而低分組的學習單,主要在強化基本知識、鞏固基礎學習。老師發現將任務難度分層化設計的階梯式任務對低分組學生有很大的幫助,因為學習任務符合他們的起點行為,所以完成學習單的情形比以往完整許多。第一循環第二篇「笛卡爾的迷失」分層學習單如表 12-3。

階梯式任務雖能有效消弭學生與學習任務間的距離,但學習單的設計仍側重語文智能,對於原本就對語文學習沒有興趣的學生而言,階梯式任務無法引起這些學生的學習興趣,因此第二循環時,老師改採 2-5-8 選單法來設計學習單,希望用分數激勵學生多多挑戰,爭取高分。2-5-8 選單法至少須包含八個預先設定的學習選項,其中至少應含有兩個 2 分選項、四個 5 分選項及兩個 8 分選項。2 分代表 Bloom 修正版認知目標分類中的記憶與瞭解層次;5 分代表應用與分析層次;8 分則代表評鑑與創造層次。學生可自由選擇學習任務,並須累積 10 分以達到 100% 完成標準(Westphal, 2007)。

○表 12-3　「笛卡爾的迷失」分層學習單

高分組分層學習單	中分組分層學習單	低分組分層學習單
階梯式任務　　　紅隊任務	階梯式任務　　　黃隊任務	階梯式任務　　　藍隊任務
八、笛卡爾的迷失 組員＿＿＿、＿＿＿ 在本課中，作者所提出的論點為何？請從課文中，找出支持此論點的正反面論據。 ＿＿＿＿＿＿＿＿＿ ＿＿＿＿＿＿＿＿＿ ＿＿＿＿＿＿＿＿＿ ＿＿＿＿＿＿＿＿＿	八、笛卡爾的迷失 組員＿＿＿、＿＿＿ 本課作者的論點是「事情的真偽需要經過驗證」。請從課文中找出兩個完整的句子來支持這個論點。 ＿＿＿＿＿＿＿＿＿ ＿＿＿＿＿＿＿＿＿ ＿＿＿＿＿＿＿＿＿	八、笛卡爾的迷失 組員＿＿＿、＿＿＿ 本課作者的論點是「事情的真偽需要經過驗證」。請從第六段到第八段找出兩個完整的句子來支持這個論點。 ＿＿＿＿＿＿＿＿＿ ＿＿＿＿＿＿＿＿＿ ＿＿＿＿＿＿＿＿＿
先從課文中找出三個以上的四字語詞，再運用這些四字語詞創作一篇完整通順的短文。 語詞： 短文： ＿＿＿＿＿＿＿＿＿ ＿＿＿＿＿＿＿＿＿	先從課文中找出三個四字語詞，再分別利用這些語詞造出一個完整通順的句子。 (1) ＿＿＿＿＿＿＿＿＿ (2) ＿＿＿＿＿＿＿＿＿ (3) ＿＿＿＿＿＿＿＿＿	先從課文中找出三個你不明白意思的四字語詞，再翻閱字典查出這三個四字語詞的解釋。 (1) ＿＿＿＿＿＿＿＿＿ (2) ＿＿＿＿＿＿＿＿＿ (3) ＿＿＿＿＿＿＿＿＿

　　老師將學生依能力兩兩配對，然後發下依照 2-5-8 選單法所設計的學習單，學生可以依據自己的能力挑選有把握的題目進行回答，達到 100 分就算過關，超過 100 分的部分還可以額外再加分。活動一開始，有幾位高分組學生一聽到寫越多分數越高，馬上興致勃勃地開始挑戰最難的兩題 80 分題，而低分組有幾位學生，平常非常認真學習，但學習成效卻不佳，這次也躍躍欲試的挑戰了好幾題，當老師檢核完畢，宣布他們過關時，臉上都露出欣喜的神情。表 12-4 是第二循環第二篇「談辯論」的 2-5-8 選單法學習單。

○ 表 12-4　「談辯論」的 2-5-8 選單法學習單

2-5-8 選單法　　　　十、談辯論　　　組員：＿＿＿＿、＿＿＿＿				
同學們，下面有八項任務，每項任務各有不同的配分，你可以自由選擇喜歡的任務回答，只要將總分湊到 100 分即可過關。現在就請你開始挑戰吧！！加油喔！！		任務內容	配分	得分
		請舉出你曾經和別人意見不合的實例，並以本課之結論分析那次經驗。	50	
任務內容	配分	得分		
孟子用什麼方法達到說服對方的目的？	20		作者先介紹辯論的功用、再舉孟子和蘇格拉底的例子、最後說明辯論的準備方式，你認為作者為什麼會這樣安排？	80
當意見不合時，辯論為什麼是比較能夠達到溝通目的的好方法？	20			
本課的論點和論據是什麼？	50		假如你是老師，你會給這篇文章打幾分、寫什麼評語。為什麼？	80
如果你要參加辯論比賽，需要做什麼準備？注意哪些事情？	50			
孟子和蘇格拉底有何相同點和相異點？	50		總分＿＿＿＿分　○過關　○再加油	

在第三循環，老師嘗試用更有趣的方法來進行內容深究，同時透過同儕互相學習讓學生練習自己提問。張素貞與黃詣翔（2012）提出在教室之中，可以藉由分站學習讓學生從事不同的作業，達到差異化教學的目的。在這當中，雖然是學習同一個主題，但是學生可以有獲得不同難度、不同複雜度內容的學習機會。老師事先培訓五位高分組的學生擔任各站的關主，並將教室布置成五個站：5W 站、為什麼站、你覺得站、比較站、與作者對話站，分別代表閱讀理解的五個層次：直接提取、推論訊息、詮釋整合、比較評估和理解監控。

　　以第一篇文本為例，課程一開始，老師向學生說明今天分站學習的重點是：自己針對文本內容設計五個不同層次的問題來促進閱讀理解。這五個站都有機器人、動物和籃球三個箱子，請學生拿著自己的文本當闖關卡去各站挑戰。挑戰時先從箱子中抽取一個題目並將回答書寫在上面，作答完畢後還要拿空白卡紙設計另一個題目投入箱子中，讓下一個來挑戰的同學回答。任務完成後，關主會在闖關卡上蓋過關獎章，老師希望每位小朋友都能至少收集到三個過關獎章。因為是第一次進行，活動一開始有些學生不懂老師的意思，以為一定要按照順序排隊，因此 5W 站擠滿了人，另外有幾個學生似乎也沒聽懂，怯生生地站在一旁看別人怎麼做，老師和夥伴教師在場中適時做了引導和說明，全班學生才都勇敢地去挑戰。下課鐘聲響起時，老師請完成三站以上的同學將闖關卡交給老師，大部分學生卻不願意下課，央求老師讓他們繼續挑戰，於是老師允許他們於下課時間繼續闖關，一直到上課鐘聲響起都還有學生在挑戰。S07 是低分組的學生，在課後訪談時，他肯定分站學習對自己的幫助：

T01：這次進行閱讀提問教學，我們採用了許多不同的方法，如階梯式任務、2-5-8 選單法、分站學習，你覺得哪一種方法對你的幫助最大？

S07：分站學習。

T01：為什麼？

S07：以前聽老師說這是「比較層次」的問題、那是「整合層次」的問題，我都搞不懂也不想寫學習單。分站時關主說：「你可以問這兩位主角哪裡一樣？或是他們哪裡不一樣？」我才知道「比較」就是「哪裡一樣」、「哪裡不一樣」。

T01：這些話老師都講過啊！

S07：有嗎？老師說的好像比較複雜。

（訪 S07-1031119）

　　由於分站學習採分站闖關的方式，能激發低分組學生對多層次提問練習的興趣，且讓學生同儕互相教導，為低分組學生搭建更接近他們程度的學習鷹架，因此對提升低分組學生的學習興趣與學習成效有明顯的效果。而對於高分組學生來說，可以透過當關主的經驗，練習判斷闖關者設計的題目是哪個層次的問題，對高分組學生的學習亦有相當大的助益。

五、閱讀延伸活動依興趣分組發揮個人專長

　　經過多層次提問閱讀教學，學生對文本已有一定深度的理解，接著設計閱讀延伸活動，希望透過統整聽、說、讀、寫、作不同語文能力的綜合活動，幫助學生活化文本，培養學生應用閱讀所得的能力，同時也激發其閱讀興趣。在延伸活動的教學設計上，老師參考了美國學者 E. Cohen 所提出的複合式教學（complex instruction），其主張強調每位學生擁有不同的優勢智能，教師應依據每位學生的優勢智能來安排組別，促進每位學生發揮才能的機會，平衡教室裡每位學生的參與度，消除團體地位對學習的影響（Cohen & Lotan, 1995）。因此，老師兼顧不同興趣及多元智能學生的學習需求，在第一、二循環採用複合式教學及興趣中心策略，根據 Gardner 的多元智能理論，設計不同多元智能的任務，以鼓勵學生用不同的方式來呈現他們對文本的理解與掌握，進而提升學生的閱讀興趣。

　　以第一循環第一篇「神奇的藍絲帶」為例，老師設計了三種任務：運動組要用剪貼、排列和畫重點的方式呈現課文結構；聲音組用記者採訪的方式進行錄音，呈現課文內容的主要經過；圖畫組要用漫畫的方式並加上標題呈現課文結構。表 12-5 是圖畫組學生 S21 和 S29 合作完成的作品。

　　第二循環老師採取興趣中心（interest center）；興趣中心是為不同智能的學生在教室中安排一個學習的地點，學生可以在其中進行活動。學生可以選擇自己所喜歡的興趣中心，在中心內學生可以一起合作也可以單獨工作（丘

⊃ 表 12-5　複合式教學之圖畫組學生 S21 和 S29 的作品

1. 海莉思想發明一種可以鼓勵人的絲帶。

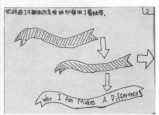

2. 她經過了不斷的改良後終於發明了藍絲帶。

3. 中學生把（老師給她的）藍絲帶送給諮商師。

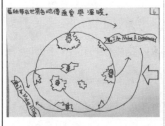

6. 藍絲帶在世界各地傳遞愛與溫暖。

5. 老闆把藍絲帶送給兒子。老闆說出藏在心裡的話，帶給兒子無比的信心。

4. 諮商師把藍絲帶送給她的老闆。

愛鈴，2013）。以第二循環第三篇「神秘的海底古城」為例，老師設計了六個興趣中心，讓學生自由選擇。此六個中心分別為：（1）空間智能：本文的四到七段詳細描寫海底古城的場景，請蒐集網路及報章雜誌的相關圖片，繪製一幅海底古城圖；（2）語文與音樂智能：請依據文本內容創作一首有押韻的 RAP；（3）音樂智能：請依據文本內容創作一首主題曲；（4）邏輯數學智能：試以圖表分析「神秘的海底古城」和「台灣海底古城牆之謎」在課文結構上的相同點；（5）肢體動覺智能與人際智能：設計一個和虎井古城有關的九宮格猜謎遊戲，和同學一起玩○○××；（6）肢體動覺智能與人際智能：設計一個和虎井古城有關的大富翁遊戲。因為太陽班有許多喜愛運動的中、低分組男生，所以老師特別設計了兩個肢體動覺智能與人際智能中心，希望運用

他們的強勢智能來激發出對閱讀的興趣。成果展示時，語文與音樂智能中心創作 RAP 的幾組作品效果很好，尤其是 S12 在上台展示時還用手拍打桌子增加 RAP 的節奏感。S12 雖然是低分組，但他學了四年的爵士鼓，今天大家都對他另眼相看，課程結束後 S12 來跟老師說興趣中心真有趣，希望下次能再進行。而肢體動覺智能與人際智能中心創作的九宮格和大富翁「生意」最好，吸引了大排長龍的人潮來挑戰，一直到下課都有人搶著要玩。表 12-6 是語文與音樂智能中心以及肢體動覺智能與人際智能中心這兩組學生的作品。

○ **表 12-6 語文與音樂智能中心以及肢體動覺智能與人際智能中心的作品**

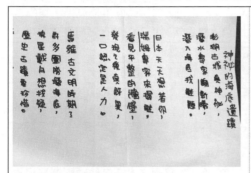

澎湖古城真神秘，潛水專家謝新曦，
潛入海底找謎題。
日本天天想著你，瑞姆專家來揭謎，
看見平整的牆壁，發現之後真訝異，
一口認定是人力。
馬雅古文明時期，許多團隊潛海底，
披星戴月想找疑，歷史古蹟要珍惜。

S06、S12 -1031015

運動組的學生依據課文內容設計出數個不同層次的問題，並創造出「古沉城的秘密」大富翁遊戲組，成果展示時吸引了許多學生前來玩遊戲，玩得不亦樂乎。

S16、S13、S14、S15-1031015

　　閱讀教學之最終目的，是希望學生能成為主動、獨立的閱讀者，因此在第三循環挑戰開放程度最高的分軌研究策略（orbital studies），強調讓學生自己設計並完成學習的任務，將學習主導權還給學生。Stevenson 提出分軌研究是獨立探究，強調由學生自己去發展研究的主題，而非從現成的列表中挑選，然

後依據老師的引導發展更專精的研究，在歷程中成為一名獨立的探究者（引自郭靜姿，2004）。表 12-7 是第三循環的兩篇文本，由學生自選組員、自行設計並合作完成的學習任務。

○表 12-7　第三循環學生合作設計的學習任務

篇次	文本	分軌研究內容
第一篇	機器人狂想曲	合作發明一個機器人並繪製海報，成果展示時，每位組員輪流以口述方式說明機器人各個部位的創意功能。
	動物建築師	以故事接龍的方式將科學類的說明文改寫成活潑有趣的童話故事，故事內容並巧妙呈現文本中各種動物巢穴的特色。
	球是圓的	將故事體的文本改寫成劇本，並利用課餘時間排演劇情，雖然故事內容沒有動物組精彩，但上台表演時搞笑的動作獲得了滿堂采。
第二篇	最美的一瞬	製作一個和文本內容相關的九宮格遊戲。
	跑道	以接力方式錄製文本中田徑賽的現場實況轉播。
	黑夜的獵殺高手 ── 貓頭鷹	將說明文的文本內容整理成一張貓頭鷹各部位構造與功能比較表。
	奇幻繽紛的高空煙火	繪製一部和文本內容相關的短篇漫畫。
	地圖女孩 vs. 鯨魚男孩	運用社會領域所學時間軸的概念來整理文本，時間軸兩邊呈現男女主角想法的比較，上台展示時並演唱代表男女主角想法的個人主題曲。

六、以分層學習單和多種成果展示進行多元評量

最後，在進行完教學活動後的評量方面，老師在第一及第二循環採分層學習單策略，讓不同程度的學生能自選符合自己能力的回家作業，為學生搭建合適的學習鷹架。表 12-8 是第一循環「神奇的藍絲帶」的分層學習單，共有挑戰版和基礎版兩種選擇，挑戰版的題目以開放性的問題為主，基礎版則是將挑戰版開放性的題目設計成題組，循序漸進地引導學生作答。高分組 S06 的挑戰

⊃表 12-8　第一循環「神奇的藍絲帶」的分層學習單

高分組 S06 挑戰版學習單作品	低分組 S14 基礎版學習單作品

老師提問：

根據文本內容，你認為要怎麼做才能讓愛一直傳下去？請舉出一個網路或報章雜誌的實例來佐證你的想法。

學生回答：

1. 我們要主動表達感謝更要多多關心別人，最好還要多做一些善事來回饋社會，社會就會更美好。

2. 《遠見》雜誌曾經介紹過的陳樹菊女士，她就是一位散播愛的實踐者。她在臺東菜市場賣菜，多年來總共捐出一千多萬元去幫助需要幫助的人，如弱勢兒童、孤兒，甚至幫偏遠學校蓋圖書館等。如果我是被她幫助過的兒童，一定會非常感激她，長大後也會跟著把這份助人的善意傳下去，讓大家都被這份感恩回饋的心意感染到，就可以讓愛源源不絕的傳下去。

（單 S06-1030926）

老師提問：

先將下列事件按照先後順序填上 1、2、3，再依序寫出這三位收到藍絲帶的人的反應和想法。

（　）諮商師將藍絲帶送給老闆。

（　）老闆將藍絲帶送給他的兒子。

（　）中學生將藍絲帶送給諮商師。

學生回答：

（2）諮商師將藍絲帶送給老闆。

（3）老闆將藍絲帶送給他的兒子。

（1）中學生將藍絲帶送給諮商師。

1. 諮商師沒想到平常的例行工作能得到褒獎，所以很開心的收下藍絲帶。

2. 原本不苟言笑的老闆，露出靦腆的笑容，對員工的鼓勵非常感動。

3. 老闆的兒子拿到藍絲帶後他傷心（感動）得哭了，因為爸爸平常對他很嚴格，所以藍絲帶帶給他無窮的信心。

（單 S14-1030926）

版學習單充分回應了題目的重點，他在搜尋眾多網路實例後先進行比較工作，再從中選出最適切的實例來佐證課文所提出的觀點，最後他將答案連結到自己身上，用自己為例子說明一個善念如何牽引出無數個善行，評估並提出可行的做法，顯示 S06 已具備「比較評估」之高層次閱讀理解能力；而從低分組 S14 的基礎版學習單可看出只要給予足夠的鷹架，低分組學生也能按部就班地完成題目的要求，其答案的完整程度甚至不亞於中分組的學生，足見其「基本語言」、「直接提取」和「推論訊息」能力皆有明顯的進步。

在第三循環，因為閱讀延伸活動是採分軌研究策略，讓學生分組自行設計多元的學習任務。因此，老師改以多種成果展示策略來進行評量，讓不同多元智能的學生都能盡情展現自己的興趣與專長。表 12-9 是第三循環第五篇之動物組（文本：動物建築師）以及第六篇之地圖組（文本：地圖女孩 vs. 鯨魚男孩）學生的作品。

⊃表 12-9　第三循環第五篇之動物組以及第六篇之地圖組學生的作品

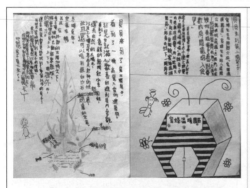

動物組同學以故事接龍的方式將科學類的說明文改寫成活潑有趣的童話故事，故事內容並巧妙呈現各種動物巢穴的特色（學生創作為三幅，此處僅呈現其中兩幅）。

（果 -1031112）

地圖組同學運用社會領域所學時間軸的概念來整理文本，時間軸兩邊呈現男女主角想法的比較，上台展示時並演唱代表男女主角想法的個人主題曲。

（果 -1031203）

參 教學省思

　　此次在國語課實施差異化教學，對老師而言是一項全新的挑戰，也是老師首次嘗試從教材、教法、分組和評量四個面向進行調整，讓教學更符合學生的需求。本課程方案結束之後，老師在課程設計及教學實施之各環節都有許多需要再進一步思考的地方，以下詳述需要再改進的部分與可行的修正方法。

一、不同難度多種教材的實施，可依課文難度決定提供簡易或延伸教材，減輕教學負擔

　　老師在執行本課程方案時，每個單元都為低分組準備簡易版教材，並為高分組準備延伸版教材，花費相當多時間。直至教學方案完成後，反思此教學設計，覺得較理想的做法應該是：在進行文本分析時，預先考慮課文的難易度和課文內容與學生經驗連結的強度，判斷應該為低分組學生準備簡易版教材，或者是為高分組學生準備延伸版教材。若課文難度不高且與學生經驗連結性強，僅需為高分組學生準備延伸版教材即可；反之若課文難度較高或與學生經驗連結性弱，則應為低分組學生準備簡易版教材，減輕老師的教學負擔。表 12-10 是依課文性質所調整之差異化教學各面向實施方式之建議。

⊃表 12-10　依課文性質所調整之差異化教學各面向實施方式

課文性質	教材	教法	分組	評量
簡單具體、與學生經驗連結性強	為高分組補充延伸版教材	略讀即可	異質分組	不需進行學校既定評量之外的評量
艱難抽象、與學生經驗連結性弱	為低分組補充簡易版教材	著重內容深究教學深化學生對課文的理解	依能力兩兩配對或同質性能力分組	分層學習單
豐富具體、與學生經驗連結性弱	為低分組補充簡易版教材	著重延伸活動教學幫助學生活化課文	依興趣兩兩配對或同質性興趣分組	多種成果展示

二、宜視差異化教學策略的開放程度循序採用，逐步將學習主導權還給學生，幫助學生成為獨立的閱讀者

　　差異化教學不僅策略眾多，且每一項策略複雜和開放的程度也不盡相同，教師在選用時應謹慎考量並視實際教學情形依序採用。經過本課程方案三個循環的實踐歷程，老師歸納出各項策略由易至難、由封閉至開放、循序漸進的採用方式如表 12-11，提供給現場老師參考，盼能幫助現場老師逐步打造出客製化的閱讀教學活動，達成幫助學生成為獨立閱讀者的理想。

⊃表 12-11　差異化教學策略開放程度與建議採用順序

面向	開放程度與建議採用順序		
	封閉 ◄──────────────────────────► 開放		
教材	不同難度多種教材 ──► 不同主題課外教材		
內容深究教法	階梯式任務 ──────► 2-5-8 選單法 ──────► 分站學習		
延伸活動教法	複合式教學 ──────► 興趣中心 ──────► 分軌研究		
分組	全班教學 ──►異質分組 ──► 依能力兩兩配對 ──►依興趣兩兩配對		
	（同質性能力分組） （同質性興趣分組）		
評量	分層學習單 ──────► 多種成果展示		

三、分站學習書寫內容的深度不如預期，故此策略實施後應進行句型檢討教學，以提升學習成效

　　閱讀教學之內容深究強調以多層次提問方式進行教學，目的在於刺激學生思考，並逐步提升學生的思考層次。但是，老師以往實際在課堂操作時，卻發現多層次提問教學很難引起學生的學習興趣，尤其對中、低分群的學生而言，更容易陷入「鴨子聽雷」的窘境。此次採用階梯式任務、2-5-8 選單法、分站學習等策略來進行多層次提問教學，老師發現能有效提高學生的學習成效與學習興趣，改善了過去多層次提問教學的問題。

　　在課後回饋中學生表示最喜歡分站學習策略，也希望老師能多舉辦幾次。雖然學生最喜歡以分站的方式來闖關，但老師批閱分站的作品時卻發現，書寫品質不及階梯式任務與 2-5-8 選單法，覺得這是相當可惜的事。針對學生最喜歡的分站學習策略，在執行時若能進行以下幾點修正，相信能提高學習的成效：首先，應明訂各站的操作時間。學生在分站闖關時書寫品質沒有前兩個循環好，究其原因應該是想要趕快寫完去下一關，因此若能事先明訂各站的操作時間，學生就不會急著完成，可以有充裕的時間想出更完整的回答。其次，應事先建立明確的換站方式。學生以個人方式分站闖關，闖關結束後再獨自去闖下一站，如此教室鬧烘烘的，無形中干擾學生進行思考，若能事先分組並明訂換站的方式，如此則可減低噪音，讓換站更井然有序地進行，也比較不會干擾學生的思考。最後，在分站學習結束之後，對於關主無法現場判斷的句型，教師應請小組針對該句型的思考層次進行討論與全班教學，至於同學們所提出具有深度的優良答案，則應公開跟全班分享並給予鼓勵，如此既能兼顧學習樂趣又能提高學習成效。

四、彈性分組方式應視教材選用策略與學習任務特性靈活運用

　　彈性分組策略的目的是希望透過多元的分組方式，將學習權與學習責任還給每一位學生，消除全班教學與異質分組時由老師或高分組學生獨攬學習主導權的困境。為了讓學生以最適合自己的分組方式進行學習，本課程方案中總共用了全班教學、異質分組、兩兩配對、同質性能力分組及同質性興趣分組五種分組方式。綜觀學習成效，老師歸納出較理想的方式應為：首先，當選用單一教材時，先採全班教學和異質分組進行概覽課文與摘取大意練習，讓老師及能力好的學生發揮示範及引導的功能；接著，針對課文內容設計「推論訊息」之中層次閱讀理解能力的問題時，讓學生進行兩兩配對的討論，這樣的分組方式討論效果最好，也最不容易出現爭執或組員閒置的情形；再來，當選用多種教材時，宜採用同質性能力分組並設計不同難度的階梯式任務，讓能力相仿的學生合作操作適合其程度的學習任務，因為大家程度相近且學習任務難度適當，學生最能放膽發表而不用擔心被嘲笑或否定，這樣的分組方式學生的進步最明顯，提高學習成效的效果最顯著；最後，差異化教學主張學生應有選擇權，而學生最喜歡的分組方式就是自選組員，在進行延伸活動時宜採同質性興趣分組，讓學生依據興趣自由組成小組，這種分組方式最能滿足學生自選組員的需求，提高學生學習興趣的效果最好。總之，教師宜視教材選用策略與學習任務特性靈活運用不同的分組方式，方能讓教室裡每一位學生都獲得適性學習。

五、依課文內容選擇合適的評量方式，內容抽象艱難宜採分層學習單，內容具體豐富宜採多種成果展示

　　分層學習單與多種成果展示各有其優點與適用性，分層學習單以評量認

知能力為主；多種成果展示則可評量多元智能的展現。經過三個循環共六篇文本後，老師發現不宜每個單元都採用分層學習單策略，過多的學習單易造成學生的不耐，應視課文的難易度進行取捨。若課文內容艱難且抽象，適合設計高層次的問題，如第二循環的「談辯論」，教師可考慮採用分層學習單策略；反之，內容較為淺顯的課文，就不需要大費周章設計分層學習單，可以讓學生有機會選擇除了語文以外其他智能的成果展示方式。另外，亦不宜每個單元都採用多種成果展示策略，多種成果展示較適合內容豐富且具體的課文，如第二循環的「神秘的海底古城」，容易轉化為不同多元智能的學習活動；純理論性的說明文如第二循環的「談辯論」，則不易轉化為其他多元智能的學習活動，使用多種成果展示策略的成效不佳。因此，教師在進行閱讀教學時宜視課文內容之特性選擇合適的評量方式。

六、建立教師專業社群並精進課室管理技巧，是教學成功的關鍵

　　差異化教學相較於傳統講述法是很不一樣的教學，不僅是教師陌生的授課模式，更是學生不熟悉的學習方式。因此，在整體課程實施的每一個環節，都需要教師社群互相合作方能成功，絕對無法單打獨鬥。首先，在課前準備方面，準備教材、設計學習單、環境布置等工作，都會加重教師的負擔，除非建立教師社群，邀集志同道合的教師分工合作，才有辦法長久進行。否則，僅一名教師單打獨鬥，必定無法長期承擔如此龐大的工作量。其次，在課室管理技巧上，儘管老師事前妥善規劃所有的教學流程，但實際進行時，仍會有許多突發狀況，如有學生聽不懂而發生閒置的情況，或小組討論時意見不合發生衝突，此時若能有夥伴教師入班，特別是在首次進行的新活動給予引導，必能讓教學活動更順利進行，避免發生教室裡只有一位教師分身乏術，無法兼顧每一個孩子的窘境。另外，在行政的支持方面，由於老師在施行本課程方案時未曾

向學校行政單位報告，因此校長、主任巡堂經過時，難免擔心教室裡鬧烘烘的觀感不佳。當時若能提前向行政人員報告，邀請其參與課程方案，甚至入班給予協助，豈不一舉兩得。最後，在評量的實施上，除非學年教師們都能有共識，將評量的重點由紙筆測驗改為多元評量，如此，教與學的重點才能真正有所提升，否則，若一切教學遇到考試就打回原形，效果將大大打折。總之，差異化教學在實施時的每一個環節，不僅需要教師們有共識，更需要團隊間互相討論、互相合作、彼此截長補短，給予對方必要的協助與支持，方能執行順利。因此，建立差異化教學專業社群並精進課室管理技巧，是教學成功最大的關鍵。

七、孩子盡情展現自己、教與學皆因差異而美麗、實現教室裡的春天

　　教學！教學！老師教，學生學！此次實施國語文閱讀差異化教學，為了實現學生真正的「學習」，老師嘗試改變自己習慣的「教法」，過程中雖然很累卻十分有成就感。在此之前，老師12年的教學生涯中，從來不曾發生已經下課了，孩子卻不願意去玩，主動留下來進行國語文學習活動的情形。是差異化教學，帶領孩子進入閱讀的世界，讓老師看見孩子們個個認真投入學習的美好風景；也是差異化教學，使不同多元智能的孩子都能用自己喜歡和擅長的方式來展現閱讀成果，並從中獲得成功的高峰經驗。實施差異化教學的教室，處處充滿認真與自信的燦爛笑靨，老師的教與學生的學皆因差異而更加美麗，實現教室裡真正的春天。

Chapter 13 英語差異化教學[3]

壹 背景

　　面對英語雙峰現象及大班混合能力教學的教育現場，過往的傳統式教學法已經無法滿足學生的學習需求。為了提升學生的學習動機，協助每位學生發揮最佳的學習能力，落實十二年國教適性揚才的教育理念，差異化教學確實在教育議題上受到很大的關注。研究個案陳老師希望能透過差異化教學的方法與策略，設計不同的課程內容、教學策略及多元的評量方式，滿足不同英語程度學生的學習需求；同時也以英語差異化教學作為學位論文的研究主題。陳老師的任教年資為 11 年，前六年擔任中低年級導師，後來轉任英語科任老師，對於英語教學有濃厚興趣。除了參與過新竹市政府舉辦的活化英語教學策略增能研習 —— 英語教室中的差異化教學；也與同領域的夥伴教師在校內成立了英語教師專業社群，邀請英語差異化教學的專家分享策略及實作，並且於課室中實施英語差異化教學。

3　本章修改自陳怡靜（2017）。國小六年級英語課程實施差異化教學之研究（未出版之碩士論文）。國立清華大學，新竹市。經原作者同意修改刊登於本書。

　　陳老師任教的學校，位於新竹市，一所近百年歷史的小學，全校共有 53 個班級。學區家長大多在科學園區上班，社經地位高，對孩子的教養關懷度高，重視教育。但也有部分學生來自科學園區附近家庭，文化刺激不夠，不利學習，自動自發性不足。因家庭社經背景差別大，學生學習態度與成就差別亦大。雖然新竹市的英語教學有外師加入協同教學，提供學生接觸、參與英語學習的機會，但面對差異性極大的學生，教師仍應自行規劃班級的英語教學活動，提升學生英語聽說讀寫的能力，對學生的英語學習成效和學習態度才能有正向的影響。

　　本研究個案差異化教學的對象為六年級學生，陳老師從五年級開始即任教該班英語課程，和學生相處一年多，對學生的英語能力及個別差異有一定程度的瞭解。在英語課堂中，班上座位採分組ㄇ字形排列，教學活動採分組討論或遊戲競賽進行，學生也習慣搭配小白板書寫討論的內容。

　　教學實例取自 2016 年 9 月底至 2016 年 11 月初，共計六週 12 節課，教材內容為六年級英語第二到第三單元。資料來源主要包含教學觀察紀錄、教師省思札記、學生晤談紀錄、課程學習單等文件資料及完成的碩士論文。

貳 教學設計

　　差異化教學是以學生為中心，依據學生的學習準備度、學習興趣和學習風格等三種特質為基準，提供不同課程內容、學習過程及學習成果給不同特質的學生（Tomlinson, 1999）。本教學個案是在國小六年級實施的英語差異化教學，使用甲版英語教材，教材的編輯旨在培養學生簡易的英語聽、說、讀、寫四方面語言能力，教學內容包含字彙、句型、字母拼讀、故事對話，此外，為了增進閱讀能力，老師再增加與主題相關的繪本進行閱讀教學。差異化教學活

動為期六週，進行二個單元，每個單元分為四到五個主題活動，依照單元的性質和學生的學習程度，分別運用不同的差異化教學策略，主要進行的活動有：（1）設定差異化的學習目標；（2）因應教學主題調整教學流程；（3）配合教學活動進行分層學習；（4）靈活運用彈性分組的策略；（5）評量採選擇板學習單和多種成果展示。

一、設定差異化的學習目標

在教學前一週，老師針對單元的特色及核心概念對學生進行學前評估，英語學習成就前測評估結束後，依據學生的分數，取上、下 27%，各分為學習低成就組（A 組）、學習中成就組（B 組）及學習高成就組（C 組）共三組。教師參考英語能力指標、單元的學習目標，再依學生的程度，在英語的字彙、句型、字母拼讀、閱讀教學等活動設定不同層次的學習目標，如表 13-1。

⊃ 表 13-1 差異化的學習目標

教學內容	組別	學習目標
字彙	A 組	1. 聽到單字，能正確地指出圖卡和字卡。 2. 看到圖卡和字卡，能正確地說出該單字。 3. 能嘗試以字母拼讀法正確地拼讀出所學習的單字。
	B 組	1. 聽到單字，能正確地指出圖卡和字卡。 2. 看到圖卡和字卡，能正確地說出該單字。 3. 能嘗試以字母拼讀法正確地背出所學習的單字。
	C 組	1. 聽到單字，能正確地指出圖卡和字卡。 2. 看到圖卡和字卡，能正確地說出該單字。 3. 能嘗試以字母拼讀法正確地背出所學習的單字。 4. 能替單字找到相似字或反義字。

（續下頁）

教學內容	組別	學習目標
句型	A 組	1. 能理解句型用法並以所學的句型做口說替換練習。 2. 能以所學的句型做書寫替換練習。 3. 能聽懂課本和習作的句型練習並選出正確答案。
	B 組	1. 能理解句型用法並以所學的句型做口說替換練習。 2. 能以所學的句型做書寫替換練習。 3. 能聽懂課本和習作對話練習並寫出對話的重點單字。
	C 組	1. 能理解句型用法並以所學的句型做口說替換練習。 2. 能以所學的句型做書寫替換練習。 3. 能聽懂課本和習作對話練習並寫出對話內容。
字母拼讀	A 組	1. 能熟練 wh, ph, kn, wr, ght, mb 的發音。 2. 能熟練 wh, ph, kn, wr, ght, mb 的拼音練習。
	B 組	1. 能熟練 wh, ph, kn, wr, ght, mb 的發音。 2. 能熟練 wh, ph, kn, wr, ght, mb 的拼音練習。 3. 能嘗試利用 wh, ph, kn, wr, ght, mb 的發音，練習拼音以唸讀出短文。
	C 組	1. 能熟練 wh, ph, kn, wr, ght, mb 的發音。 2. 能熟練 wh, ph, kn, wr, ght, mb 的拼音練習。 3. 能嘗試利用 wh, ph, kn, wr, ght, mb 的發音，練習拼音以唸讀出短文。 4. 能嘗試利用 wh, ph, kn, wr, ght, mb 的發音，找出同樣發音的課外單字。
故事對話閱讀教學	A 組	1. 能理解文本故事中的文意。 2. 能嘗試唸出文本的故事或文章。 3. 能依據本文，寫出部分的大意。
	B 組	1. 能理解文本故事中的文意。 2. 能流暢唸出文本的故事或文章。 3. 能依據本文，寫出大概的大意。
	C 組	1. 能理解文本故事中的文意。 2. 能流暢唸出文本的故事或文章。 3. 能依據本文，寫出完整的大意。

二、因應教學主題調整教學流程

英語教學一般包括字彙、句型、字母拼讀、閱讀教學等主題活動，而每一個活動的主要教學流程為暖身活動（warm up）、全班授課（presentation）、發展活動（practice and production）、總結活動（wrap up）等。

本教學案例在四項主題活動都進行差異化教學，每節課流程開始為暖身活動時間，老師會先複習前一節課的教學內容。接著為全班授課時間，老師教授該節的主要課程內容，之後再進行差異化教學分組活動。在差異化教學的分組活動中，各組分別根據該組的學習目標各自完成任務，老師則輪流在組間移動，以協助學生順利地學習。然後請各組發表該節課的差異化教學分組學習活動成果。差異化教學分組活動以學生的學習為中心，老師是學習的協助者。最後為總結活動，老師進行該節教學內容的複習或習作練習。因此，本教學案例差異化教學主要在發展活動階段進行。

在字彙教學的全班授課後，老師就進行同質性分組的階梯式任務，讓學生分層學習，最後再以選擇板學習單作為個別練習的總結活動；句型教學在教授主要課文內容給全班後，老師以興趣分組兩兩配對的方式來進行複合式教學，最後再進行全班的多種成果展示；字母拼讀教學在全班授課後，以能力分組來進行加深加廣的分站學習，分站學習之後請各組分享任務成果，再以選擇板學習單作為個別練習的總結活動；而閱讀教學是先進行全班的多層次提問，再以能力分組進行同質性討論，然後再以異質分組做統整並完成分組報告。圖13-1 為四項活動的差異化教學流程。

三、配合教學活動進行分層學習

為了兼顧不同學生的學習需求，本課程的單字、句型、字母拼讀及閱讀教

學活動各採用不同的差異化教學策略來進行。

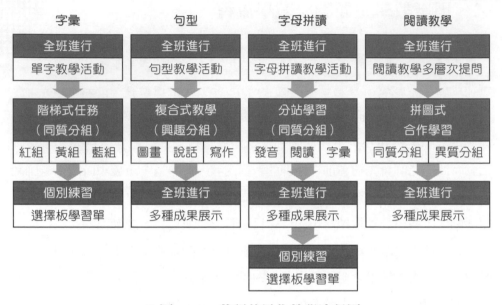

⊃ **圖 13-1　英語差異化教學流程圖**

（一）階梯式任務

　　學生本身的英語字彙量因個人於課內或課外學習或閱讀吸收的多寡而有所不同，所以老師以學生起點行為評估，在單字教學採用階梯式任務的活動設計。根據葉錫南（2013）及 Tomlinson（張碧珠、呂潔樺、賴筱嵐、蔡宛臻、黃晶莉譯，2014）的論點，在差異化教學的課堂上，強調教學者必須關注到學生的學習準備度、學習興趣及學習特質，來設計適合的教學活動，以「程度弱者要能達到應用的標準，而程度中上者要能繼續向上進步」為教學宗旨。因此，老師先為班上進行低、中、高學習能力分組，然後在設計課堂活動時，依低、中、高學習成就三組學生的能力，給予不同難度的任務，讓學生從現有的起始點出發來學習及背誦單字。本課程在字彙教學所採用階梯式任務的學習內容整理，如表 13-2。

◐ 表 13-2　本課程字彙教學所採用階梯式任務的學習內容

字彙教學	階梯式任務
紅組（低分群）	1. 教師加強學生對本課單字的拼讀與唸讀。 2. 利用「看、唸、蓋、寫、對」的策略邊拼邊寫單字。
黃組（中分群）	1. 學生兩兩一組，互相驗收課本及補充單字的發音。 2. 學生一邊背本課單字，一邊寫本課的單字。
藍組（高分群）	1. 學生兩兩一組，互相驗收課本及補充單字的發音及背誦。 2. 教師引導學生找出本課單字的相似字或反義字並記錄。

　　老師發現，將任務難度分層化設計的階梯式任務對於低分群學生有很大的幫助，因為作業不再那麼困難，完成作業的情況比以前主動也完整許多。而中、高分群的學生自主性較高，老師發現只要稍稍提醒一下，學生就能與鄰座的同學兩兩一組互相聽彼此的發音和拼讀，確認無誤後幫對方加分，再進行練習寫單字的作業，完成後交換互相批改。

（二）複合式教學

　　句型教學主要是要讓學生能靈活運用主要概念的句型，並進行口說的練習，所以老師運用複合式教學策略來協助學生能在完成任務的過程中，積極參與句型的練習。根據美國學者 Cohen 與 Lotan 於 1995 年提出的論點，複合式教學依據每位學生的優勢智能來安排組別，以小組形式一同學習，促使每個學生都能發揮才能，平衡個別學生的參與度（引自詹惠雪、林曉音，2014）。所以老師設計三種不同難度與形式的任務，讓學生可以符合學習興趣及學習特質選擇適合自己的任務，並且自己選擇夥伴，兩兩配對，藉由同儕合作學習的方式，進行口說練習，並且完成圖畫、說話或寫作不同形式的任務。本課程在句型教學所採用複合式教學的學習內容整理，如表 13-3。

⏎表 13-3　本課程句型教學所採用複合式教學的學習內容

句型教學	複合式教學
圖畫組：依樣畫葫蘆	兩人合作唸讀小短文並依文句內容畫出圖片
說話組：新聞播報	兩人一組共同討論訪問內容並做角色扮演
寫作組：小小作家	依四格漫畫的圖片討論並寫出適當的對話

　　這是班上第一次用不一樣的方式進行句型教學，大部分學生都興致高昂、躍躍欲試。老師也發現學生對於不熟悉的活動會選取較簡單的任務，比方說圖畫組的內容看起來似乎較簡單，所以很快就有五組選了這份學習單，為了讓份數平均，老師立即調整，將圖畫組學習單抽掉一些，留下說話組和寫作組的學習單，以便平衡三種不同學習的分量。第一次實施複合式教學，說話組和寫作組對如何寫的疑問比圖畫組多，討論的氣氛相當熱烈。有些平時沒有主動發表的學生，在畫圖的表現卻讓人很驚艷，因為他們把外形特徵畫得非常清楚。表13-4 是本課程複合式教學的學生分組作品。

⏎表 13-4　本課程複合式教學的學生分組作品

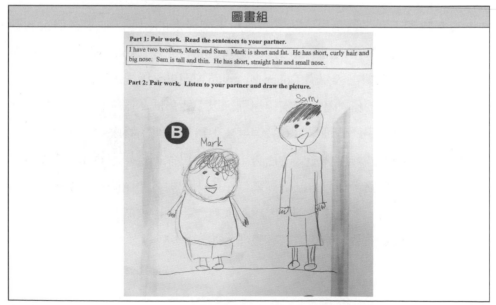

（續下頁）

說話組

句型練習：說話組：(新聞播報)　　　差異化教學策略：複合式教學

Unit 2 Do you have any brothers or sisters?　　No.: 18　Name: _Melody_

　　　　　　　　　　　　　　　　　　　　　No.: 20　Name: _Mandy_

Pair work. Discuss and write the questions and answers with your partner.

Characters:　A TV show host and a guest (a famous movie star, singer) or

Host

Good morning.　Welcome to Lungshan live show.　This is _Miss Mandy_ . Nice to meet you.

Guest

Nice to meet you. _Miss Melody_ . ✓

Host

I got a lot of e-mails from the audience.　They want to know about your family. How many people are there in your family?

Guest

I have _one sister , mother and father. they're four people in my family_

Host

What _~~does~~ do_ they look like ? ✓

Guest

My father is tall and _handsome_ .　My mom is thin and _pretty_ .

Host

Do you have any brothers or sisters?

Guest

Yes, I do. I have _one sister_

Host

How _does_ _she_ look _like_ ? ✓

Guest

She has short and straight hair

Host

Thank you for your coming here.

寫作組

Pair work. Discuss with your partner and write down the dialogues for each picture.

① A: Hi, Michelle.　How does your mom look like?

B: She is _thin_ .

She has _long hair_

② A: Do you have any _brothers or sisters_ ?

B: Yes, I do. _I have a brother._

③ A: _Do you have any brothers or sisters_ ?

B: Yes, I do. My sister is _thin_

She has _straight hair_

④ A: What ∧ the dog look like ?
　　　　does

B: _The dog is fat._

在第二單元進行圖畫、說話和寫作組的學習單時，老師發現許多中、高分群的同學不再拘泥於「寫」的學習單，反而選擇了圖畫組，而且還採用加了顏色的彩繪。老師也從課後的訪談中發現學生對於複合式教學持肯定的態度。

> S20（中分群）：圖畫、說話和寫作組是兩人一組，可以和好朋友一
> 　　　　　　　　起討論，感覺很輕鬆！
>
> S21（中分群）：我比較喜歡老師用圖畫、說話和寫作分組，因為有
> 　　　　　　　　比較多種可以選擇。
>
> S28（高分群）：我喜歡老師分圖畫、說話和寫作組，因為能讓自己
> 　　　　　　　　有更多的選擇，還可以和好朋友一組。

（三）分站學習

在字母拼讀方面，由於班上學生對於辨識發音規則及單字的發音能力落差很大，所以差異化教學活動採用分站學習策略，主要是依據學生的能力，設計不同的學習活動，讓學生進一步精熟單元的主要概念。教師在教室中設計了幾個分站，包括「發音小達人」、「閱讀小達人」及「字彙小達人」三個分站，不同的分站讓學生可以到特定的定點從事不同的活動，進行加深加廣的學習，達到區分性教學的目的。本課程設計的分站學習活動，如表 13-5。

⊃ 表 13-5　本課程設計的分站學習活動

字母拼讀	分站學習
發音小達人	1. 進行發音例字拼讀。 2. 一起練習唸讀 wh 與 ph 的發音例字。 3. 字母拼讀的聽力練習。
閱讀小達人	1. 學生兩兩一組，互相驗收課本字母拼讀例字。 2. 學生兩兩一組，互相唸讀並驗收 wh 與 ph 字母拼讀短文。 3. 完成短文問題。

（續下頁）

字母拼讀	分站學習
字彙小達人	1. 學生兩兩一組，互相唸讀並驗收 wh 與 ph 字母拼讀例字及短文。 2. 全組一起完成發音學習單，找出同樣發音規則的其他例字。

　　「發音小達人」的分站任務，主要在加強能辨識發音規則與拼讀字母在單字中的發音；「閱讀小達人」的分站任務，則增加發音小短文的輔助，除了學好基本的字母拼讀外，藉由發音小短文的閱讀，完成短文問題；「字彙小達人」的分站任務則提供同儕一起挑戰並收集符合發音規則的課外單字，達到加深加廣的目的。表 13-6 是甲版英語教材第七冊第二單元的字母拼讀分站學習內容。

⊃表 13-6　本課程字母拼讀分站學習內容

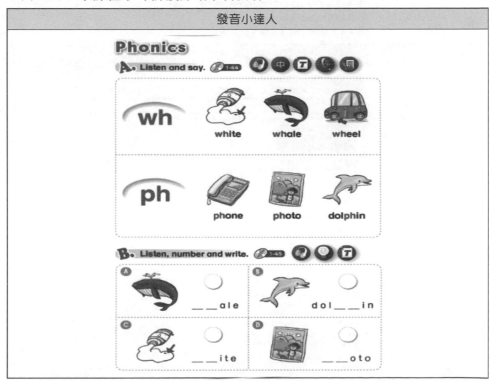

（續下頁）

閱讀小達人

Reading Rocks

A. Listen and read aloud. 1-46 🎧 中

I want to go to Hualien to swim with the dolphins.
This is a photo of my cousin, Danny. It looks fun!

Sarah I hope you can go.

Nancy Why not swim with the white whales?

Jack You mean the beluga whales? They might eat me!

Rex Jack, can you go to the park this afternoon?

Jack Yeah, but I need to fix a wheel on my bike first.

Rex OK. Call me later. I want to show you my new phone.

B. Read and circle T or F.

① Jack wants to swim with white whales.   T   F
② Danny is Jack's cousin.   T   F
③ A wheel on Jack's bike is broken.   T   F

字彙小達人

Reading Rocks

A. Listen and read aloud. 1-46 🎧 中

I want to go to Hualien to swim with the dolphins.
This is a photo of my cousin, Danny. It looks fun!

Sarah I hope you can go.
Nancy Why not swim with the white whales?
Jack You mean the beluga whales? They might eat me!
Rex Jack, can you go to the park this afternoon?
Jack Yeah, but I need to fix a wheel on my bike first.
Rex OK. Call me later. I want to show you my new phone.

B. Read and circle T or F.
① Jack wants to swim with white whales.   T   F
② Danny is Jack's cousin.   T   F
③ A wheel on Jack's bike is broken.   T   F

C. Find more words with the sound "wh" and "ph".

wh	white	whale	wheel		
ph	phone	photo	dolphin		

　　低分群學生透過老師的引導進行學習，在互動過程中，老師可以近距離的聽到學生的反應，並做適當的調整。完成分站學習後，由低分群學生發表「發音小達人」的分站學習內容，中分群學生則唸讀「閱讀小達人」的學習內容，高分群學生分享「字彙小達人」的找字任務。在學生發表及互評的過程中，不同程度的學生彼此之間加深概念的澄清，同時對於高分群學生所提出的特例字，老師也能有機會跟學生再次釐清。低分群雖然英語唸讀能力沒有很好，但藉由中分群學生的發表也能大致瞭解短文內容，老師也發現，為了加分，低分群學生真的很認真挑出聽不懂或聽不清楚的字；而高分群的學生，雖然每次都說他們想不出來，但是最後都會帶給大家意想不到的答案，甚至更多概念澄清的機會。

（四）拼圖式合作學習

　　針對故事對話和閱讀活動則採取不同層次的提問策略，並運用「故事地圖」（story map）與「問題—答案關係」（question-answer relationship）的閱讀理解策略設計教學活動。「故事地圖」策略構成五要素為背景、問題、目標、行動和結果，也就是以 who（人）、what（事）、when（時）、where（地）以及 how（方法）、why（原因）來提問（翁惠婷，2015）。而 Chien（2013a）提及「問題—答案關係」是對於同一班級不同能力程度學生最有效的閱讀理解及問題思考策略，透過「Right There」、「Think and Search」、「Author and Me」和「On My Own」等不同層次的問題激發低、中、高學習成就的學生推論思考，達成不同的學習任務。

　　本課程的閱讀教學發展活動配合拼圖式（jigsaw）合作學習策略來進行，也就是先同質再異質分組，各組採拼圖式合作完成學習任務。老師先將低、中、高分群的學生進行 A、B、C 三組分站學習，依 QAR strategy 將問題依層次分類，低分群 A 組整理「Right There」的問題，中分群 B 組找出「Think

and Search」的問題，而高分群 C 組則討論「Author and Me」和「On My Own」的問題，完成不同層次問題後，依拼圖式合作學習法，各組回到原來的小組，完成整個故事或繪本大意。以閱讀教學的繪本 *Piggybook* 為例，不同層次的問題如表 13-7。

⊃ 表 13-7　本課程閱讀教學的分層次提問表

Unit 2: *Piggybook*		
Right There	1. How many people are there in this family? 2. Who are they?	Team A
Think and Search	1. What dos Mrs. Piggott do every day? 2. What did Mr. Piggott and his sons do when Mrs. Piggott left home?	Team B
Author and Me	1. Why was Mrs. Piggott gone?	Team C
On My Own	1. Who should do the cooking, ironing or fixing in the family? Why?	

　　第一次實施繪本故事書閱讀活動，學生對於去找出不同層次的問題都很緊張，A 組尤其如此，所以老師花較多時間引導他們去寫出完整回答。B 組的同學對於回答的內容也不知如何著手，所以遲遲沒有寫出來，需要老師適時的提醒與建議，鼓勵他們用自己的話寫出來。

　　C 組的問題偏思考性，對學生也較有挑戰性；學生的想法不一，所以呈現出來的成果也就十分多樣化。學生對於家事由誰來做，有的會條列分工；有的則認為不管是哪一種，每個人都應該幫忙做家事。表 13-8 是學生閱讀活動 QAR 學習單作品。

⊃ 表 13-8　本課程學生閱讀活動 QAR 學習單

A 組閱讀 QAR 學習單作品
They are four people in the family. They are Mr. piggott, Simon, patrick, Mrs. piggott. ✔ Good! ☺

A 組要整理 Right There 的題目，這些題目在繪本一開始即有明顯的說明，大部分的學生都能簡答，只是要能完整回答，對低分群的學生來說還是需要一點引導，可見得閱讀理解對於低分群學生真的不簡單。

（單 S11-20161013）

B 組閱讀 QAR 學習單作品

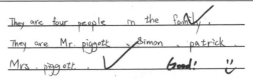

Think and Search 黃組
1. What does Mrs. Piggott do every day? she does the chores every day.
2. What did Mr. Piggott and his sons do when Mrs. Piggott left home? They are panic, they try to do the chores.

1. She washes the dishes, makes all the beds, cleans the room, goes to work, washes the clothes, does the ironing, cooks some more ✔
2. They washed the dishes, made the bed, did the ironing cooking ☺

B 組要回答 Think and Search 的問題，需要對繪本故事的內容清楚，教師提供學生繪本參考，S18 學生的回答是一言以蔽之，直接用 chores 代替所有家事，而 S21 學生則是將家事細項都交代清楚，可看出面對同樣的題目，學生的思維呈現方式是不同的。

（單 S18、S21-20161013）

C 組閱讀 QAR 學習單作品

(were very lazy)
1. Because Mr Pigott and his sons didn't do anything he home ✔
2. I think Dad should wash at home, and Mom cook, and I should wash the dishes should the clothes. ✔ Very Good!

She's gone because Mr.piggott and his sons didn't do the chores. I think everyone should do the chores in the family. ✔ ☺

C 組的問題偏思考性，對學生也較有挑戰性。S22 和 S24 依據自己的經驗或看法，對於家事的分工想法不一，所以呈現出來的成果也就不同，透過差異化教學的策略，學生在閱讀理解的部分可以透過不同的思維達到理解和應用的層次。

（單 S22、24-20161013）

之後回到原來的小組，學生要將不同層次的問題組合改寫成故事大綱或大意，學生對於統整的部分如何寫得比較順暢有很多疑問，老師在巡視過程當中，主要是提醒學生文句中的人物要交代清楚，以及如何把前後文連接起來，完成一篇句意清楚的故事大綱，用什麼單字或如何表現都由學生討論決定。經過分層次提問討論，激發低、中、高分群的學生推論思考，再透過統整寫作，讓所有學生對於繪本的內容能夠融會貫通。

四、靈活運用彈性分組的策略

Tomlinson（2001）提出學習環境係指教師為學生所營造能夠安心自在學習的班級情境，差異化教學時，教師應該營造一個友善接納學生個體差異的健康安全學習環境，尊重每一位學生，透過教室規範，讓學生能夠感到安全和尊重，進而敢表達自己的想法，並且獨立的自主學習。差異化教學的課堂安排是全班活動、小組活動及個人活動的有機組合。基於上述，本課程方案每一單元有四至五個教學活動，每一個教學活動的彈性分組運作流程大致為：全班進行暖身活動及該節的主要課程內容，老師再以學生能力或興趣為分組依據，做同質或異質分組進行差異化的練習活動、團體討論及教師指導，並請各組發表該節課的差異化教學分組學習活動成果。最後再回歸個人的分層次及多元作業。茲將教學活動的彈性分組運作流程繪製如圖 13-2。

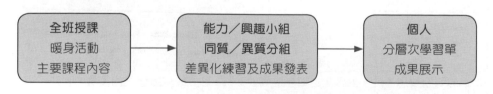

⊃ 圖 13-2　彈性分組運作流程圖

　　搭配差異化教學策略，活動的分組也有所不同，老師有時運用合作夥伴的方式讓學生一起學習、討論；或者以小團體攜手合作來完成任務，藉由不同方式的分組，讓學生有機會接觸不同的組員或夥伴，讓每位學生得到最適切的學習，幫助他們進步，也避免標籤效應的問題。

　　本課程的字彙和字母拼讀教學，老師採用同質性能力分組來進行差異化教學活動，主要是以學生起始點行為評估，班上學生本身的英語字彙量及辨識發音的能力落差很大，所以希望以同質分組的方式，讓學生有不同難度的學習機會。而句型教學，希望讓學生能靈活運用主要概念的句型來進行口說，老師採用興趣分組兩兩配對，讓學生依學習興趣及學習特質，並藉由同儕合作學習的方式來進行口說練習。閱讀教學活動採先同質再異質的彈性分組方式，主要是希望透過同質分組讓低、中、高學習成就的學生分別思考不同層次的問題，再透過異質分組合作學習來統整內容，完成學習任務。本課程各差異化教學活動的分組方式，整理如表 13-9。

⮑表 13-9　本課程使用之差異化教學策略彈性分組表

教學活動	差異化教學策略	彈性分組
字彙	階梯式任務	全班→同質能力分組→個人
句型	複合式教學	全班→興趣分組→兩兩一組
字母拼讀	分站學習	全班→同質能力分組→個人
故事對話與閱讀教學	拼圖式合作學習	全班→同質能力分組→異質分組

五、評量採選擇板學習單和多種成果展示

　　班級內的學生學習準備度本來就參差不齊，每一種學習活動、作業或評量對學生能力的要求也就不盡相同。根據 Tomlinson（2003）、葉錫南（2013）及 Chien（2013b）的論點，在差異化教學課堂上，建議可採用選擇板（choice board）作為策略，讓學生有自行選擇符合其能力與興趣的作業評量機會。因

此老師採用選擇板學習單的教學策略，讓學生在單字和字母拼讀教學活動後，提供三種內容選項的學習單，學生依自己的能力、程度或挑戰需求，選擇作業內容。另外在句型和閱讀理解教學活動後，依學生分組討論的學習成果做多元成果展示，藉由學生及教師的互評來做評量。表 13-10 為本課程使用差異化教學策略的評量方式。

⊃表 13-10　本課程使用差異化教學策略的評量方式

教學活動	差異化教學策略	評量
字彙	階梯式任務	選擇板學習單
句型	複合式教學	多種成果展示
字母拼讀	分站學習	多種成果展示 選擇板學習單
故事對話與閱讀教學	拼圖式合作學習	多種成果展示

　　以字彙教學為例，在教學活動結束後，老師設計了「選擇板學習單」的作業，由學生自己依照個人程度與學習需求自由選擇版本，依照內容完成度分為基礎版、進階版及達人版。低分群學生大多寫基礎版，中分群學生大多完成進階版，而高分群學生不出意料的會寫到達人版；然而在批改學習單時發現，也有部分低分群同學試著完成到進階版。表 13-11 是低分群和高分群的學習單，可以發現低分群也能完整地寫進階版，足見差異化教學之實施能強化低分群學生基本的字彙能力。

○ 表 13-11　本課程字彙教學的選擇板學習單

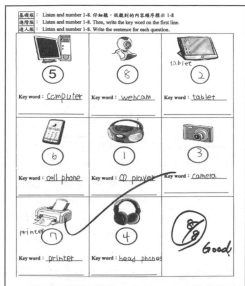
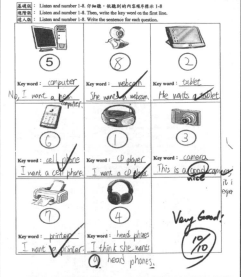

S12 是低分群的學生，在第二次字彙教學後的選擇板學習單活動中，除了能依據聽寫的內容，寫出聽到的內容順序之外，還能完成進階版的題目，寫出重點字，達到基本的字彙能力，令老師特別驚喜。

（單 S12-20161020）

S04 是高分群的學生，在達人版的選擇板學習單活動中，題目更有挑戰性。除了能聽寫出順序和重點字之外，還要能將聽力測驗的題目完整的寫出來，呈現完全理解的能力。

（單 S04-20161020）

　　再以句型教學為例，完成複合式教學的學習單之後，每一組以組員討論的內容做最後的練習及發表。老師評量各組的方式也因成果展示而有所不同：圖畫組學生需掌握短文的內容，能根據關鍵字畫出主要的圖；寫作組學生能依據圖片寫出對話內容並且做彈性變化；說話組學生在這節課要上台發表，運用角色扮演，完成配合場景的對話內容。

　　老師發現，因為課堂時間有限，常常會有學生討論的時間太長，加上成果展示的方式多元，要讓學生都能上台發表，實在是不可能，這也是實施差異化教學後所面臨的一大難題，學生的多元成果無法有完整的展示。老師只好

請說話組先於這節課發表,並在課後將圖畫組和寫作組的所有作品拍照,安排在下一節課將作品投影在螢幕上讓全班欣賞。表 13-12 是圖畫組和說話組的學習單。

⊃ 表 13-12　本課程複合式教學圖畫組和說話組的學習單

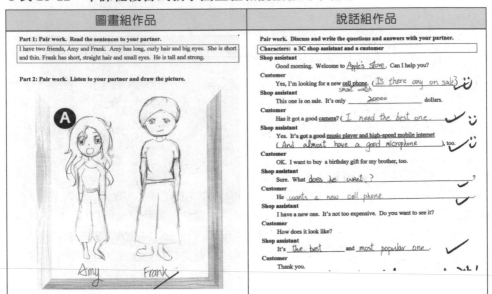

圖畫組作品	說話組作品
Part 1: Pair work. Read the sentences to your partner. I have two friends, Amy and Frank. Amy has long, curly hair and big eyes. She is short and thin. Frank has short, straight hair and small eyes. He is tall and strong. **Part 2: Pair work.** Listen to your partner and draw the picture.	**Pair work.** Discuss and write the questions and answers with your partner. Characters: a 3C shop assistant and a customer **Shop assistant** 　Good morning. Welcome to Apple's store. Can I help you? **Customer** 　Yes, I'm looking for a new cell phone. (Is there any on sale) 　　　　smart watch **Shop assistant** 　This one is on sale. It's only _____20000_____ dollars. **Customer** 　Has it got a good camera? (I need the best one.) **Shop assistant** 　Yes. It's got a good music player and high-speed mobile internet 　(And almost have a good microphone), too. **Customer** 　OK. I want to buy a birthday gift for my brother, too. **Shop assistant** 　Sure. What does he want ? **Customer** 　He wants a new cell phone. **Shop assistant** 　I have a new one. It's not too expensive. Do you want to see it? **Customer** 　How does it look like? **Shop assistant** 　It's the best and most popular one. **Customer** 　Thank you.
S16 和 S23 分別是低分群和中分群的學生,圖畫組的任務是兩人一組,先唸出小短文,再將內容重點畫出來,考驗句型唸讀及理解的能力。這兩位小女生把外形特徵清楚描繪出來,也展現她們繪畫興趣的能力。 （單 S16、S23-20161004）	S25 和 S28 分別是中分群和高分群學生,說話組的題目具有較高的挑戰性,除了要創作情境對話內容之外,還要上台發表,學生創作的內容已超出課本範圍,除了靈活運用自己所會的,也展現表演興趣的能力。 （單 S25、S28-20161025）

參 挑戰與因應

　　此次的差異化課程方案從課程設計到教學實施，都帶給老師更多更新的體認與成長，然而差異化教學包含許多面向，老師認為在教學設計及實施的各環節仍有需要再進一步審慎思考的地方，並且做些調整，才能讓學生真正從中獲益。

一、挑戰

（一）單打獨鬥的差異化教學環境

　　老師任教的學校，差異化教學才剛萌芽，能夠討論和請教的人本來就不多，再加上差異化教學本就是一項龐大的工程，英語科要加深加廣的資料蒐集實在不易，僅僅二個單元的課程設計就耗費老師整個暑假，而且完成文本分析和設計教法以及評量的調整，常常是自己一個人單打獨鬥，確實令備課的負擔加重。

（二）教學時間永遠不夠

　　差異化教學相較於以往的大班教學方式，需要更多的時間安排，尤其學生上課遲到或者學校既定行程如運動會等活動，都會壓縮課堂教學時間，如果每個單元主題都採用差異化教學策略，在深度學習的考量上勢必無法達成有效的學習。時間壓力在多種成果展示的活動更為嚴重，因為課堂時間有限，常常會有學生討論的時間太長，加上成果展示的方式多元，要讓學生都能上台發表，實在是不可能，學生的多元成果無法完整的展現，這也是老師實施差異化教學後所面臨的一大難題。

（三）學生被動的學習態度改變不易

　　學生在以往學習英語的經驗中，多年來只要一遇到困難，有些學生會積極主動尋求協助，但有些學生會選擇消極地坐在原地發呆。可見學生在傳統教學方式的影響之下，遇到學習困難時，不是直接找老師問，就是被動等著老師來協助，也很少有主動和同儕討論、共同設法解決問題的經驗。進行差異化教學時，這種現象常發生在討論開放性的問題或是寫故事大意，原本老師希望中、高分群的學生可以面對挑戰、勇於發揮，但學生還是會直接問老師課外的英文單字怎麼拼、句子怎麼寫，等著老師告訴他答案。而低分群學生在心理特質上，常有自我概念低落、畫地自限的情形，所以被動依賴的現象更是嚴重。這樣的學習狀況下，老師真的很為難，除了教學無法順利進行，學生也無法成功學習。

（四）班級經營不易

　　即使差異化教學的學習任務和分層次學習單在事前都已設計完成，但在實際教學時，老師仍有許多問題需要處理，最大的問題就在於班級秩序不容易掌控，除了組員之間的和諧及分工外，還有彈性分組時學生的動線移動是否流暢，也是影響整個教學活動能否順利的關鍵。

二、因應

（一）藉由共備及協同教學打破單打獨鬥，並成立專業社群進行
　　　差異化教學專業分享

　　實施差異化教學前，教師需要提前完成課本內容的分析，選擇適合的差異化教學策略，並且邀請其他同領域教師共同備課，分工合作完成事先的準備工

作；也可以和其他教師採取協同合作的模式，一起在實際的教學現場中，給予學生最完整的差異化教學活動，達到因材施教、適性揚才的成果。除此之外，透過專業社群的運作，邀請差異化教學的專家分享課堂實作，也能讓老師學習更多，再加上社群夥伴共同討論、一起針對問題與困境尋求因應之道，才會覺得在教育改革的路上並不孤單。

（二）差異化教學活動在精不在多，可以將字彙和句型活動結合，深化學生的學習

為了解決時間不夠的問題，課程規劃應著重策略實施的精實和扎實性。比方說，可以將字彙和句型的教學活動相結合，利用句型的練習去認讀單字，著重句型的差異化教學活動，讓學生有足夠的時間消化吸收，深入體會差異化教學的助益，同時也能有充裕的時間展示並互相分享學生的學習成果，確實做到成果展示的活動，讓學生藉由觀摩別人的作品進而學習。

（三）增加開放性題型提升高層次的理解能力，以刺激學生思考

在差異化教學的實施歷程中，老師發現多層次提問的問題需要更多的引導，尤其是開放性題型或是高層次的理解能力的練習。高分群學生的英語能力雖然很好，但是面對較高層次需要思考的問題，仍然因為缺乏經驗而信心不足，不知如何回答。探究其原因，發現以往的提問或評量多為記憶類題型或是低層次的理解能力的練習，如果老師的教學重點能夠轉移到較高層次的分析及綜合能力，並且多一點引導跟討論，相信能減少學生信心不足的問題，達到刺激學生思考的目標。

（四）教師要積極回應個體需要，讓學生在教室中感到安全

學生長期以來被動的學習態度改變不易，差異化教學一開始實施時，低分群的學生學習動機低落，不願主動學習。藉由任務難度分層化設計的教學活

動，老師和低分群的學生有更密切的接觸，也因此跟學生越來越熟悉。老師會私下跟他們信心喊話，並且當面稱讚他們的表現進步，這樣對提升他們的自信心的確有幫助，這些學生從接觸差異化教學後，學習態度越來越主動，英語能力也有進步。而中、高分群的學生，在討論開放性的問題或是寫故事大意時，會直接問老師課外的英文單字怎麼拼、句子怎麼寫，遇到這種情況，老師都會請學生試著跟同學討論是否有學過的單字可以代替，盡量鼓勵他們自己解決。整體而言，老師發現低分群學生要多給予正向鼓勵，增強他們的信心；中高分群學生則要給予挑戰，鼓勵學生要有自行解決問題的能力。

（五）提升教學技巧和班級管理的方法，教師才能求新求變

有鑑於實施差異化教學，代表低、中、高分群三組會在同一時間內學習與其英語程度相當的學習內容，因此，妥善地安排各組的學習教材，詳細說明各組的學習方式，是非常重要的關鍵。

老師在參閱文獻時發現，彈性分組的動線可藉由幻燈片投影在黑板上說明，並且用顏色區分每位學生的位置或組別，讓分組或就位的過程較流暢。對於學習任務，也可以事先準備投影片圖解說明讓學生明瞭，這樣會減少學生因不清楚任務內容而浪費許多摸索的時間。至於最擔心的秩序問題，老師利用組間巡視提醒學生降低音量外，還運用加權計分的誘因來激勵全班，並且在分組討論時也強調「彼此尊重，仔細聆聽」的原則來加分或減分，讓差異化教學的活動進行得越來越順利，也讓老師對自己在實施差異化教學時的教學技巧和班級管理更有信心，更有自信放手讓學生參與差異化教學的活動。

第三篇

文化回應觀

14 回應文化的差異化教學實踐

壹 前言

　　臺灣在導向民主化過程中，社會人口多元特性益趨鮮明，學校學生背景差異更形顯著。在解嚴前，臺灣學校系統中所傳達的知識，旨在建立一致的行為規範和文化，學校的教學效能以一致的標準等同視之。隨著政治解嚴、社會開放及全球化趨勢，在原有的漢人及原住民外，又加上跨國婚姻、移民與外籍配偶子女等不同背景學生，文化差異成了學校生態的一部分。依據教育部 2012 年統計，新住民子女就讀國小人數為 16.1 萬人，是七年前的兩倍。

　　學生背景差異產生的學習落差，成為學校的新挑戰，而政策也出現一些改革做法，如新住民火炬計畫，各縣市挑選轄內新住民子女人數超過 100 名或超過十分之一的小學，作為新住民重點學校。2013 年全國已有 77% 的小學被列為新住民重點學校，而全國新住民子女人數比率超過 50% 的國小也有 23 所，新住民火炬計畫每年幫助二、三千名孩童。此外，學校攜手計畫、補救教學等，均是因應的策略。

　　基於學生背景多元性，關心學生的「特殊性」，十二年國教優質、均質及適性揚才等理念的追求，重視差異化的教學成了改革的重心。以往在追求統一的基礎下，看待學生差異，常出現一些樣態：一是奠基於主流文化的價值體

系，如學校雖進行一些提升弱勢生學業的補救教學，卻仍以主流文化的價值為主，忽略文化差異對學習的影響（劉美慧，2001）；二是將學生差異建立在智能檢測基礎上，學生的行為表現若與教師的期望產生落差時，常被解讀為學習能力低落或學習態度上的問題。學校以偏誤概念或刻板印象評估學生學習的潛能（何縕琪、林喜慈，2006），對學習有落差的表現以缺陷視之，將之納入特殊教育對象中，此類似於 Santamaria（2009）所指出的，文化差異的學生常被誤診，或誤判為學習不利或語言障礙，而不適切地將學生歸入特殊教育的安置中；第三為視而不見，讓其在學校中自行生存。

　　教學實踐包括的不只是教師做什麼，也包括學生在學校實踐中習得的經驗；教學實踐是文化的中介活動（Gudmundsdottir, 2001）。回應文化差異的教學實踐包含文化回應及差異教學兩個核心概念。從文化回應而言，反映出多元文化教育理念，強調教學背後的意識型態及知識轉化，Gay（2000）指出教學應被視為一種工具，用來幫助學生發揮及加強現在及未來的力量、能耐、態度和經驗。從差異教學而言，它是依學生背景知識、學習準備度、語言、學習風格、興趣等，對於個別學生的需求，予以適切回應的教學。

　　回應文化差異的教學以支持學生學習為架構，正視差異的教學建構，立基於學生能力及準備度，給予適當的期待。莊育琇（2010）研究澳洲一所小學，指出澳洲人口由許多背景民族組成，該小學實施差異化教學和文化回應是並行的。另有研究進入學生具不同文化背景的學校（顏惠君、Lupo, 2013；Santamaria, 2009），指出差異化教學及文化回應課程相輔相成。

貳　以差異為基底的教學實踐立場

　　在快速全球化趨勢中，學校面臨日益明顯的學生多元背景，為追求學習卓越，因應差異的教學成為重要的實踐方式。差異化教學在支持介入反應模

式（RTI）的立場上（Stauart & Rinaldi, 2009），強調教學實踐需藉由證據，作為教學實施、進步監控及問題解決的基礎。從文化回應的觀點，差異化教學的介入反應模式（RTI），會考量學生家庭及語言背景所形構的基礎，設計一系列活動，提供有效的鷹架，強化學生的學習能量（Moss, Lapp & O'Shea, 2011）。

在追求標準化的教育過程中，教育人員常認為學校課程或教學是中立的，因此教師不需在差異上有所著墨（Santangelo & Tomlinson, 2012）。然而教學實踐不能忽視學生差異特性對其學習所產生的影響。Tomlinson（2001）明確地指出關注學生的理由，認為學習是個人意義化的過程，學生各具不同的背景及興趣，不能保證同一件事對每個人均具有相同的意義。他進一步分析每個人的發展層次、對問題的理解、知識建構歷程、社會互動方式等均不一，當學校教學和學生生活經驗連結時，有效實踐必須關注學生的差異。差異是學生在學校學習過程中必然的現象，積極的教學應立基於學生原有的文化資源上、去除教學中立的迷思，予以高關懷、高期待，並具有轉化抗拒的文化覺知。

一、視差異為學習資產

論及差異時，經常會以學習特質（learning profiles）、能力（ability）、興趣（interesting）三面向進行討論（Doborah & Hipsky, 2010; Liu, 2008; Santamaria, 2009; Tomlinson, 2001）。能力為學生的學業學習準備度，興趣為學生偏好主動投入的意向，而學習特質強調的是學生的優勢、喜好和學習風格等（Doborah & Hipsky, 2010）。Tomlinson（2001）指出影響學習特質的因素有：團隊取向（依賴／自我取向、團體／同儕取向、成人取向）；認知風格（創造／遵從、本質／事實、表達／控制、直線／非直線、歸納／演繹、人群取向／任務取向、合作／競爭、反省／行動取向）；學習環境（安靜／嘈雜、溫暖／冷漠、靜態／動態、彈性／固定……）；智能喜好（分析、實務、創

造、語言、邏輯／數學、空間／視覺、人際……）等。

　　文化差異從多元立場，假設學生因不同語言、文化和觀點所形塑出的學習特質、能力或興趣均為一種資產（capital），而非是負擔（liability）（Phuntsog, 1999），它挑戰社會對於種族刻板印象所造成的學生自行應驗（解志強等譯，2006；Abell, 1999; Gay, 2000）。

　　有效的教學實踐不能忽視學生差異的特性及他們擁有的資產，學生不同的立足及背景自然會影響其學習步調。當課程及其生活經驗連結時，有效的實踐必須關注學生的差異（Tomlinson, 2001），其相關介紹請參見表 14-1。

⊃表 14-1　關注學生差異的理由

最佳教學實踐的條件	需重視差異的理由
學習是個人的意義化	學生具不同的背景及興趣，不能保證同一件事對每個人均具有相同的意義。
學習是一項挑戰，而學習者願意接受挑戰	每位學生有不同的學習速度和步調，某些文本或任務對一些學習者具挑戰性，對其他人而言，可能是無聊或挫折的。
學習配合學習者的發展層次	有些學生思考較具體，有些較抽象；有些較獨立，有些較依賴。
學習者可以用自己的方式進行學習，具有選擇及自我操控感	可以確認的是學習者並非用相同的學習方式、做同樣的選擇或對一件事均具有相同程度的自我操控感。
從學習者已知的知識建構新知	對同一件事，學習者所知並不盡相同，學生有不同建構知識的方式。
有機會進行社會互動	學習效果視學生間互動方式及互動對象而有不同。
可獲得有用的回饋	對某些人有用的回饋，對某些人而言不一定有助益。
能獲得策略並加以運用	對個別而言，每個人獲得的新策略協助學習的情況不一。
學習者能經驗到正向的情緒氣氛	教室中的氛圍對某些人可能是正面的，對某些人而言不見得是。
具有支持學習的環境	就團體或個人目標而言，每個人所需的支持鷹架不同。

資料來源：翻譯自 *How to differentiate in mixed-ability classrooms* (2nd ed.) (p. 18), by C. A. Tomlinson, 2001, Alexandria, VA: ASCD。

當我們正視學生差異時，基本的想法是教學不能「削足適履」或「同一尺寸化」（one size doesn't fit all）（Tomlinson, 2001）。建構差異化教學前，教師首先必須對學生學習能力加以肯定，認可每位學生都有其不同的立足點，而差異正是人類原有的特性。如果我們要幫助那些來自不同背景、學習成就低落的學生，需依據他們個人的優點、文化的特徵、智識能力和先天的造詣建構實踐的行動（Gay, 2000）。而這樣的實踐行動，教師需具有「從不能到能」的信念（解志強等譯，2006，頁28），以真誠的心來關懷學生的背景，並且願意付諸行動提供學生任何學習上的需求，喚起學習的內在動機。

Abell（1999）指出承認及珍視學生的差異是避免教育重蹈覆轍的第一步，免於走回漠視差異，藉由學生內化及外在的標準產生再製的現象。有效的教學必須認識文化的差異，好好運用此資源，而不是忽略差異。教育學生的重要關鍵在於讓他們帶著自尊感進行學習，以他們周遭社會、語言及文化的多面向，在自尊的基礎上向上延伸（解志強等譯，2006；Gay, 2000）。

二、去除課程和教學中立的迷思

一般人常將教育失敗歸咎於不同種族或文化背景的學生本身缺乏天分與能力（解志強等譯，2006；Gay, 2000），流於缺陷理論的迷思，認為好的教學應該是超然的，也就是在任何情況下，對待所有的學生都要一視同仁；認為教育是一種有效的途徑，可以同化來自不同文化傳統、種族、社會階級和出身的人，使他們融入到主流社會中（Ladson-Billings, 1995）。

Santamaria（2009）指出，過去對學生差異的認識著重於學生學業表現的差異，Gardner 的理論常被用以檢視學生的優勢及風格，雖有人也會注意學生的先備知識、天分、文化和語言的差異，然而這些差異均非課程或教學中的核心議題。Ukpokodu（2011）進行數學教學研究，指出大多數的教師認為數學課程是中立的，很少回應學生差異；因此傾向教科書本位的數學傳統，主導學

校課程，學生在反覆練習成堆的學習作業中，產生反感而形成「數字麻痺」現象。他認為教師應勇於解構數學教學中立的誤導信念，整合生活相關內容和社會議題於教學教材中，對學生不同的想法及問題解決能真誠的支持，如此學生學習的卓越感，才得以從中建立。

三、給予學生高關懷與高期待的回應

教學從過去教師中心導向學生中心，差異化教學基本目標乃是教師為擴展學生最大的學習潛在發展，結合學生的需要主動設計學習經驗。教師的教學具有彈性，且隨學習者調整課程和資訊呈現的方式加以因應（Santangelo & Tomlinson, 2012）。面對學生的學習差異，教學上最大的挑戰在於 —— 如何感知文化情境進行卓越的課程與教學，考驗教師對教育的承諾（commitment）、能力（competence）、信心（confidence）及滿意度（content）（Gay, 2000）。對學生真摯的關懷在回應差異時是一個核心概念，關懷本質就是一種回應性，根據不同的情況對人做出相對應的理解，據以調整教學節奏與步調（Gay, 2000）。Gay（2000）說明大多數教師對不同種族文化的學生持有不同的態度和期望，人與人之間的關懷，除了教師對學生展現好意、親切、友善或是一般的關切之情，還包含更重要的內容 —— 提高能力的效果。對於學生學習的高期待是許多研究者所強調的，如 Ladson-Billings（1995）特別聲稱，在回應文化差異過程中學生必須有學業成功的經驗；再如 Irvine 與 Armento（2001）也指出，高標準和高期待是文化回應的要件。在臺灣，研究也發現回應文化差異的教學過程中，教師運用高關懷、高期待及讚美的技巧，讓學生感到被肯定，的確有助於提升學生的正向行為和正向思考（呂庭妤，2012；林美慧，2003；林喜慈，2005）。

四、轉化抗拒的文化覺知

從文化差異的立場而言，教學實踐不能孤立於更廣的社會政治環境，要能反省主流文化的價值、信念、偏見等（Pewewardy, 1998）。轉化抗拒（transformational resistance）（Giroux, 1983）聚焦於解釋學生的態度和行為如何受到歷史和社會環境等因素所左右，因而影響他們的教育發展。

Irvine（2001）認為學校教學的目標不只是提升學生的課業表現，更應幫助教師致力於人類的真善美，建立一個公平、正義、免於被壓迫的社會。換言之，回應文化差異的教學實踐並非只是一種教學方法，而是一種對待學生的態度，以及重新定義教師與學生角色的動力，更是一種學校改革的工具與增能的機制。Gay（2000）認為教學重視學生文化背景、學習型態與溝通方式，並以此作為教學規劃的重要依據。而學生在接受依照其母文化量身訂做的課程時，不僅能理解學科知識，進而能為學生爭取更公平的學習機會，以追求卓越的學業表現；此也呼應 Irvine 的觀點：學校教學不能只回應主流社會的價值標準與文化知識，應與弱勢族群文化站在同一陣線，並且為弱勢族群學生學習成效的合法性與可行性發聲。

差異化教學會運用不同方法，促使學習者在學習過程中成為積極參與者，發展學生的社會意識、理性批評、政治和個人效力，使他們可以與偏見、歧視和其他壓迫和剝削的勢力相抗衡，在「調適而不同化」（accommodation without assimilation）的條件下，達到和而不同的理想（陳偉仁、黃楷如、陳美芳，2013），提升其自尊、內在控制力、積極正向的學科概念，進而強化自我效能（van der Staay, 2007, p. 372）。

參 文化回應教學實踐的特性

差異化教學早期的發展，主要是以學生能力為考量，針對學生學習能力不足所進行的教學策略。然而在學生背景多元的學校生態中，對學生具特殊背景的需求加以支持時，文化差異成為直接關注的核心。

Santamaria（2009, p. 228）指出，文化差異的學生在過去常被誤診或誤判，而以學習不利或語言障礙稱之，或不適切地將學生歸入特殊教育的安置中。他也發現談及教室差異，觸及均等的概念時，很自然地想到傳統以來被邊緣化的群體；論及優異時，自然地連結至主流的一群。Tomlinson（2003, p. 67）也指出：

> 學校是屬於所有學習者的，教育學者在談及均等時影射至邊緣化的學生；論及優異時自然影射至主流學生。均等及優異應是所有學習者最上層考量……如果我們不能同理地、系統地、嚴密地和有效地看待學生潛能的開展性，難以讓學習在危機中的小孩獲得優異表現。

好的教學實踐會考慮教室中所有學習者，並關注他們學業、文化、語言及社經的差異（Santamaria, 2009）。學校為文化中介場所，教室中充滿著各類社會活動，教室中意義的獲得不僅透過文化，也透過個體在教育系統中的經驗。學校實踐是一種多樣態的活動，也是文化的表現（Gudmundsdottir, 2001）。回應文化的差異化教學包含文化回應及差異化教學兩個核心概念。

從文化回應而言，反映出多元文化教育，強調教學背後的意識型態及知識轉化所發展出的行動（譚光鼎、劉美慧、游美惠，2008）。Ladson-Billings

（1994, 1995）指出，文化回應教學指標包含學業成就、文化能力及社會政治的察覺，教學實踐則包含主動的教學方法、教師作為促進者的角色、學生主導的班級對話、對文化語言差異的學生家庭持正面的看法、對學生學習高期待等。

Gay（2000）認為文化回應為學校中和教室內的教學能夠參照族群文化的結構，在課程和教學上考量學生的文化背景、學習型態、溝通方式，以學生的母文化作為學習的橋梁，協助文化差異的學生能夠有更公平的機會去追求卓越的表現。在此概念下，他指出文化回應之特色在於：（1）有效力的（validating）：運用不同種族學生的文化知識、先備經驗、知識架構與表現風格，使其在學習上更有效率；（2）全面的（comprehensive）：幫助學生保持自我族群的特性，並建立班級或學習團體浮沉與共的氛圍，確保團體中的每個人都能成功；（3）多面向的（multidimensional）：學校中舉凡課程內容、學習環境、課堂氛圍、師生關係、教學技巧與成績評量，將學生的經驗與脈絡納入考量，幫助學生釐清族群的價值觀，並導正文化傳統中存在的錯誤資訊與偏見；（4）授權的（empowering）：以學生為中心，透過社會及個人（教師、同儕）的支持，強化學生參與、提問、解決問題、多元文化、對話、去社會化、民主、學科統整及主動學習等能力；（5）轉化的（transformative）：面對和超越傳統教育許多課程內容和課堂教學中所隱含的文化霸權，發展學生的社會意識、理性批評、政治和個人效力；（6）解放的（emancipatory）：將弱勢族群的才智從主流知識準則以及認知方式釋放出來。

從差異教學而言，受到多元智能、腦力研究及多元文化的影響，它不僅是哲學取向也是教學實踐。Santangelo 與 Tomlinson（2012, p. 310）說明：

教學從過去的教師中心導向學生中心的途徑，差異化教學為一代表，差異化教學基本目標乃是教師為擴展所有學生最大的學習潛在

發展，結合學生需要主動設計學習經驗。教師的教學具有彈性，
且隨學習者調整課程和資訊呈現的方式，而非由學生適應既定的
課程。

Santamaria（2009, pp. 229-230）比較文化回應和差異化教學，如表 14-2，
認為兩者有許多相同處，而不同之處在於差異化教學較缺乏社會政治的覺醒及
其解放性；而文化回應教學在利用評估上較少受到重視。

Santamaria（2009）研究指出，差異化教學及文化回應兩者應是相輔相
成，參照了 Tomlinson 差異化教學及文化回應課程特點，提出文化回應差異化
教學（culturally responsive differentiated instruction）的要點（參見表 14-3）：

- 課程目標包含學業成就、文化能力、社會政治意識察覺等重點（內容）。
- 澄清及聚焦於主要概念或通則（內容），此內容澄清得以使學生對學習內
  容有深度理解。
- 在整體課堂設計上強調批判及創造思考（過程）。
- 建立過程本位的學習支持，所有學生均投入（過程）。
- 學習上在教師指定及學生選擇中建立平衡的學習任務（過程）。
- 使用評估作為教學工具（結果）。

● 表 14-2　差異化教學和文化回應的比較

差異化教學的要件	文化回應教學指標 （Ladson-Billings 的觀點）	文化回應教學的特性 （Gay 的觀點）
■ 內容 教師： 1. 確認學生接近學習核心。 2. 澄清關鍵概念和原則。 3. 依學生差異進行調整。 4. 支持學科學習。 ■ 過程 教師： 1. 以適切的經營方式強調批判及創造思考。 2. 對所有學生的學習提供彈性共同學習的機會。 ■ 結果 教師： 適切地調整對學生的期待和要求。	■ 學科成就 教師： 1. 認識學生的能力。 2. 在該教室要達成的成就。 3. 認識內容、學習者及其學習風格。 4. 支持課程批判意識。 5. 鼓勵學業成就。 ■ 文化能力 教師： 1. 瞭解文化及文化在教育中的角色。 2. 教師有責任學習學生文化和社群。 3. 使用學生的文化作為學習的基礎。 4. 促動學生在地及全球文化彈性使用。	■ 文化回應為授權的 教師鼓勵學業能力、個人能力、勇氣及行動的意願。 ■ 文化回應是轉化的 教師認可學生現有的優勢及成就，並強化他們在未來教學過程中的參與度。 ■ 文化回應教學是具效力的 教師瞭解學生的文化知識、先前經驗、參照架構和語言表現風格進行教學，學生學習將更有效。 ■ 文化回應是全面的 教師教導所有的小孩。 ■ 文化回應是多面向的 教師教學涵蓋課程、內容、學習脈絡、班級氣氛、師生關係、教學技巧及表現評估。
在差異化教學中未強調之處。	■ 社會政治察覺 教師： 1. 認識更大的社會政治脈絡（學校、社區、國家、世界）。 2. 投入公益事務。 3. 計畫並執行學業經驗。 4. 相信學生的成功是教師專業生涯的成就。	■ 文化回應是解放的 教師從學術真理的絕對權威中釋放出來。

資料來源：翻譯自 Culturally responsive differentiated instruction: Narrowing gaps between best pedagogical practices benefiting all learners, by L. Santamaria, 2009, *Teachers College Record, 111*(1), 229-230。

○ 表 14-3　回應文化差異化教學要點

差異化教學的指引及文化回應的判準	學業成就	文化能力	社會政治意識察覺
澄清主要概念（內容）	教師發展文化回應主題迷你單元，在教室情境中描繪學習成就的輪廓。學科單元描寫要為學生後續作業做準備。	教師展現對學生不同文化的瞭解及其文化在教育中扮演的角色。如讓學生批判思考「學生高中畢業後，日益下滑的高等教育以上的就學人數」。	教師投入更廣的公共事務，以證據顯示鼓勵學生省思高等教育的重要性，期待學生擁有自己的想法，來審視高等教育對於生活的正面影響；而非教師片面加之於他們身上的說詞。
強調批判及創造思考（過程）	教師藉由教室佈告標示目的、目標和標準，描繪在教室脈絡下所欲達成的成就，並鼓勵學生的學業成就。	教師藉由學生文化作為學習的基礎，並善用口頭獎勵表示對學生思想及學習的讚許。鼓勵學生分享其家庭或節慶時，教師學習學生的文化及社群。	教師整合學生的工作於高層次的分析／應用的思考任務，並藉以展現計畫及執行學業經驗的證據。
所有學習者投入（過程）	教師對文化差異學習落差較大的學生持無偏見的態度，將學習連結至他們的生活中，支持課程的批判意識。	教師藉由班級中的小幫手、大學學生及家長，彈性運用學生所在地域及全球文化。	教師展現出更大的社會政治脈絡知識並投入公共事務中，藉以提供學生機會和文化差異及學習落差學習者的互動，強化原有的能力。
教師指定及學生選擇中建立平衡的學習任務（過程）	教師相信小學階段的不同文化背景學生，有能力從報紙中討論並自行選擇當下的社會事件。	教師使用學生的文化作為學習的基礎，學生藉由使用的文字所編輯的書或圖片表現個人的觀點。	教師藉由對學生提問深度的讚許，展現教師的信念：學生對全球的理解和他們的生活息息相關。

（續下頁）

差異化教學的指引及文化回應的判準	學業成就	文化能力	社會政治意識察覺
使用評估作為教學工具（結果）	教師善用學區對學生讀、寫、算的前後測資料。 教師藉由不同於既有的課程，描繪學生所需澄清的關鍵概念。	教師使用實作評量測驗作為學生學習任務的基線。	教師明白學生如成為社會的主動參與者，他們在學習評估上需有好的表現；並藉評估的資料作為教學回饋；將師生共同建立的測驗策略作為課程的一部分。

資料來源：翻譯自 Culturally responsive differentiated instruction: Narrowing gaps between best pedagogical practices benefiting all learners, by L. Santamaria, 2009, *Teachers College Record, 111*(1), 233-234。

Santamaria（2009, pp. 233-234）建議，教師結合差異化及文化回應教學時，需學習如何區分學習差異、問題與文化、語言差異的不同，以免將兩者混為一談。最好的教學實踐乃是顧及教室中所有學習者，並關注他們學業、文化、語言及社經的差異。在追求改進學生學習成就的改革中，混種教學論會是全球化多元社會的另一種教學實踐力的展現。

肆 文化回應教學的要素

Richards 與 Stuard（2007）從三個面向討論差異化教學的要點：（1）分組：指依據學生的準備度、興趣和學習風格，將學生分派於團體中學習特定的技巧、學習單元或其他的學習機會；（2）著重於重要概念：學生於科目中或單元中理解關鍵資訊，並得以加深加廣其學習內容；（3）學習評估的重要性：作為安置、形成性及學習表現的理解。

莊育琇（2010）從文化回應差異化教學，提出轉化的要點：（1）學校的教育目標尊重個別學生差異，並培養學生達到最後潛能；（2）重視關鍵技能培養，取代零碎知識記憶；（3）瞭解個別學生學習風格；（4）彈性分組教學；（5）文化回應採取議題融入或文化體驗方式；（6）分層任務安排；（7）動態多元評量。林素貞（2013）也從課程內容、教材、教學、環境、行為管理及情緒心理提出要點。

以下從教學目標、教學內容、教學過程、學習評估及學習環境等要件進行討論。

一、教學目標

回應文化差異的教學建構以支持學生學習為架構。Santamaria（2009）從文化回應的立場，指出差異化教學目標包含學業成就、文化能力、社會政治察覺等重點。在此目標下，進行內容、過程及結果的規劃。回應差異的教學目標，結合學業、文化能力和社會意識的察覺，是知識、生活經驗、社會的統整（Beane, 1997）。以統整的學習目標，能夠使用學生文化知識、經驗、先備知識及個人喜好的學習方式，促進教學的過程；提供學生知識技能，協助他們在面對主流文化的同時，亦可以維持其文化認同、母語，與其自身的文化做連結（Siwatu, 2007）。

二、教學內容

差異化教學研究者一致指出，教學應著力於核心概念取代零碎知識。內容指的是要學生學習的東西及學生如何接近資訊（Santangelo & Tomlinson, 2012）。它包含了概念、思考、策略、意象和訊息等（Kanevsky, 2011, p. 28）。學校在選擇及決定文化差異課程時，應著力於核心知識、理解和技巧等

關鍵能力培養，配合學生需求和程度做變更，取代零碎知識記憶，系統而有深度地探討，有助於學生對學習內容產生更深層的理解，發展批判及創造思考，將之轉化為學習遷移的能量。

三、教學過程

進行文化差異課程實施或教學的過程，其要領在於建立過程一本位的學習支持，彈性運用多種教學策略，學生從不同的學習任務或作業中精進所學（丘愛鈴，2013；Tomlinson, 2001）。

（一）提供師生共構的參與結構

有效的學習是主動參與的。文化差異在於從個別的基礎上改變教室參與特性，在高關懷及高期待氛圍中，師生合作制定班級及個人的學習目標，學生可在彈性小組或個人獨立中做有效的學習；對於主題、活動或評鑑方式可以有決定參與權。而教師可採用不同方式，評估及配合學生的需要，使用不同的策略建構教學目標，依其起始狀況瞭解進步情形（Tomlinson, 2001）。

（二）配合學生及課程特性，有效運用彈性分組

合作學習鼓勵異質互動的特性，在文化回應教學中是廣為接受的方式（Gay, 2000）；而在差異化教學上，彈性分組是一重要的策略（Heacox, 2002）。在文化差異學生背景中，全班教學活動、小團體活動、個別化活動、教師一學生會議均有其適用的重點，如全班教學活動在主要概念引介、活動計畫等有其必要性；而小團體活動（如兩人一組、三人一組或四人一組）對學生學習意義的追求過程、技巧熟悉、深究上可發揮作用；個別化活動可運用於比較、技術應用或練習、獨立學習等；而師生會議可進行學習評估及引導等（Tomlinson, 2001; The Center for Comprehensive School Reform and

Improvement, 2009）。

Liu（2008）提出在彈性分組中需注意：充裕的工作空間、明確的方向和過程、建立規則和引導方針、團體責任中個人角色的分派、指派完成一項任務的時程、開展所有成員的優勢等。彈性分組非靜態的，它允許學習成員依需求及教學策略加以調整，組別是流動的（葉錫南，2013）。一個健康支持的教室環境讓學習者感受愉悅的經驗，教師的責任即在持續為學生建構愉快的環境。

（三）學習時程的彈性

學生個別的學習步調均不同，在臺灣因教材進度的壓力，致使學生需在一定的時間內完成相同的作業進度，也因此造成教與學進度壓力的惡性循環；在差異化教學中，認知學生學習本有的差異特性，學習時程可做更彈性的因應（葉錫南，2013）。

（四）運用各種形式的多元策略

不同文化間常用不同形式的圖像或符號來表達對世界的認識，如有些學生較喜歡充滿視覺和身體刺激的學習環境（Gay, 2000）。教學中如能運用戲劇、表演及各形各式的感官刺激，可連結象徵課程（symbolic curriculum），促使學習者和其文化認同建立關聯，讓學生更有機會進行知識的轉化，進而對學習動機、興趣、努力和成績產生正面的影響（李真文、羅寶鳳，2013；林佩璇，2011；Tisdell, 2006）。

四、建構學習評估系統

評估系統的規劃可以作為瞭解學生的學習風格、能力和興趣的參考（Doborah & Hipsky, 2010），提供教師做教學前的計畫、再教學、調整課程

或教學策略以配合學生需求（The Center for Comprehensive School Reform and Improvement, 2009）。

（一）對學習者的瞭解

不同文化背景的學習者和人互動的樣態各異（Gay, 2000），也表現出不同的性格，藉由評估瞭解學生，是誘導學習的有力契機（Tomlinsom, 2001）。

（二）作為課程及教學計畫的調整參照

差異化教學始於瞭解學生的起點能力，並依學習評估表現作為課程修正的參照。在文化回應教學中，評估系統較不受重視，Santamaria（2009）指出，在文化差異課程及教學中，可使用評估作為工具，在學生學業成就上，教師藉由不同於既有的課程，描繪學生所需澄清的關鍵概念。在學生文化能力上，可使用實作評量測驗作為學生學習任務的基線。在社會政治意識的覺察上，教師可以和學生討論評估表現和成為社會主動參與者的關係，共同建立評估策略以作為教學的一部分。

五、學習環境

有效學習環境是每位學習者均能感覺到自己是受到歡迎的，也建立起歡迎他人的氛圍。在文化差異的教學環境中，學生在教室中覺得安全，具有奉獻及追求挑戰的成長期望（簡良平，2013；Kanevsky, 2011; Santangelo & Tomlinson, 2012）。Phuntsog（1999）指出，學校在設計文化差異課程時，除了藉由文本對話（text talk）深化分析課程內容，去除現有的障礙或偏執的假設之外，更可藉由建構象徵課程提供學習者主動參與的機會，強化知識轉化的可能性。象徵課程包含教導學生知識、技能、道德及價值所使用的圖像、符

號、獎勵、儀式及其他的人為製品,學校及教師的任務在於能批判地察覺這些象徵課程的潛在力量,作為工具藉以傳達文化差異下重要的訊息、價值和行動。批判性察覺或導向社會正義的課程實踐是一個非常複雜的過程,它包含智性(intellectual)及精神性(spiritual)的過程。Tisdell(2006)特別強調回應文化差異中精神理解的重要性,精神性是內在心靈世界的核心,涵蓋了人類的意識、意義、情性、深層價值。他提及從精神層面分析課程特性:(1)承認學習者以不同方式建構知識的重要性;(2)發展一些活動以使學習者的精神性和其文化認同加以連結;(3)建構一個環境營造社群感,鼓勵學生及教師在教室中做真摯互動,共同探討象徵或符號的意義;(4)建構一個鼓勵投入參與課程的環境。總之,知識產生的不同樣式通常從使用符號、藝術、音樂和創造力等文化意象而來,精神性連結文化認同,協助學習者致力於個人、文化、結構、政治、文化想像的藝術等層面。林佩璇(2011)研究發現,象徵課程的有效運用,無形中提供學習者及教學者主動參與的機會,強化知識轉化的可能性。

伍 分層教學的建構

學生差異基於家庭結構、語言使用、社經地位及種族,會表現在學習風格、準備度及興趣上。分層教學依學生差異的獨特性,可以依學生的能力、風格或興趣加以分層。分層教學(tiered instruction)也稱為難度水準變更的平行任務(Tomlinson, 2001),學生得以依其程度被給予更多的彈性進行學習(The Center for Comprehensive School Reform and Improvement, 2009)。Doborah 與 Hipsky(2010, p. 83)指出,分層教學乃是以學生準備度為基礎的

教學途徑,在其中學習相同的核心知識、理解和技巧,但依其現在的思考及技巧,進行不同程度的學習。

Tomlinson(2001, p. 47)指出,教師在分層學習準備上需掌握由基礎到轉化、具體到抽象、簡單到複雜、單一面向至多面向、結構封閉到開放、倚賴到自主等特性。在安排學生分層時,Bloom 提出,思考的分類(知識、理解、應用、分析、綜合、評鑑)可作為分層教學由低至高程度學習規劃的參照。此外Doborah 與 Hipsky(2010, p. 84)也提出一些鷹架分層學習的注意事項:(1)示範正確的任務表現;(2)協助學生發展計畫完成任務;(3)將複雜任務區分為幾個簡單的活動;(4)給予立即回饋等。

從上述的討論,分層的安排是教學中的前置考量要件,可依學生的背景為依據,也可依學生倚賴到自主的安排進行規劃。

一、依學生背景安排分層

依學生的能力、風格或興趣進行分層安排是常見的方式。Pierce 與 Adams(2004, p. 58)提出發展分層的步驟:(1)界定你要撰寫課程的年級及學科,如一年級的數學;(2)界定所要達到的標準(如國定、學區的標準);(3)界定關鍵概念和原則;(4)確認學生的先備經驗,教師依此架構鷹架;(5)決定要層次化的部分(內容、過程、結果),一開始建議一次以一種作為層級的重點;(6)決定層級的類型:依學生的準備度、學習風格或是興趣。

依據上述的考量決定所要發展的層階,可有不同的參照,如果依準備度或許可分低、中、高三層;若以學習風格可考量 Gardner 的多元智能觀。差異所指的為「質的不同」,更要確認學生任務是有挑戰性的且受到尊重。

Tomlinson(1999)也提出分層規劃的六個步驟,說明如圖 14-1:

1. 選擇活動組體：
   概念、技巧、原則

2. 瞭解學生或使用評估：
   準備度、興趣、學習狀況、才華

3. 建構活動，基於興趣、高層認知，誘
   導學生使用關鍵技巧理解關鍵想法

4. 將複雜活動依高低
   層技巧表格陳列

5. 活動階梯安排，確認學生的成功與挑戰，學習評估依：
   教材 —— 由基礎到進階
   表達形式 —— 由熟悉到不熟悉
   經驗形式 —— 由個人經驗到個人以外的經驗
   維持均等性

6. 基於學生的學習狀況及任務必
   要性，安排學習任務的適用版

⊃ 圖 14-1　分層規劃的步驟

資料來源：翻譯自 *The differentiated classroom responding to the needs of all learners* (p.78), by C. A. Tomlinson, 1999, Alexandria, VA: ASCD。

二、依學生倚賴到自主學習的分層策略

　　分層教學提供學生機會對主題做深化的理解（Moss et al., 2011）。分層教學最終在引導學生自我探究，從教師示範（teacher modeling）、引導教學（guided instruction）及獨立練習（independent practice）三層階，也是建構分層教學的另一途徑。如 Moss 等人（2011）在此基礎上進行閱讀分層設計，將分層分為三階：分層一：建立背景，將學習主題和學習者做連結，教師藉由建

構朗讀、提出問題、影片或真實世界的作品等，完成讀本。層次二：練習及準備更困難的讀本。層次三：獨立閱讀讀本。

Campbell（2009）也將分層依直導教學、引導教學、自主學習（to-with-by）三級作為架構的依據：直導教學（direct instruction: to）；引導教學（guided instruction: with）；自主學習（self-directed leaning: by）。在分層一的直導教學中，教師以 20 分鐘教授主要的課程內容；在分層二引導教學中，以小組方式互學；在第三分層的自主學習，則為學生個別小型計畫（mini-project）的任務，如表 14-4。

○表 14-4　分層規劃方式（依倚賴至自主學習）

To	With	By
基礎	實施	應用
直導教學	引導教學	自主學習
主要課程	學習中心	方案學習
教師呈現說明	學生練習	表現評估
以教師為焦點	以團體為焦點	以個人為焦點
導入	技能建立	學習展示
教學	練習	運用
我／老師做	我們做	你／學生做

資料來源：翻譯自 To-with-by: A three-tiered model for differentiated instruction, by B. Campbell, 2009, *New England Reading Association Journal, 44*(2), 7。

陸　教師的角色定位

在回應差異的教學中，教師教學需隨時藉由反省（reflection）加以調整，學生背景、語言、學習風格、學習狀態不一，如果教師不去反省目標設定的價值及可行性、教學的脈絡，也不去檢證自己所做的假設，那教學的合宜性自然

會受到挑戰（Minott, 2009）。教學從過去的教師中心導向學生中心的途徑，差異化教學基本目標乃是教師為擴展所有學生最大的學習潛在發展，結合學生需要主動設計學習經驗。教師的教學具有彈性，且隨學習者調整課程和資訊呈現的方式，而非由學生適應既定的課程（Santangelo & Tomlinson, 2012）。

Ukpokodu（2011）指出過去教學少慮及文化差異，其原因在於教科書主導的教學傳統、課程標準化及缺少回應文化差異的參照模式。邇來，在多元文化教育觀點的衝擊下，社經家庭背景、準備度、性別、文化等均被視為學生差異的影響因素（Liu, 2008），需納入教學思慮中。教師是課程實踐成功的關鍵所在，有效的教學，教師需具備信念、知能，提供學生機會，獲得學業成功及改進學習表現的意圖。

當我們正視學生差異時，首先必須肯定學生的學習力，認可每位學生都有其不同的立足點，而差異正是人類原有的特性。如果我們要幫助那些來自不同背景的成績低落學生，需依據他們個人的優點、文化的特徵、智識能力和先天的造詣建構實踐的行動（Gay, 2000）。而這樣的實踐行動，教師需具有「從不能到能」的信念（解志強等譯，2006，頁28），以真誠的心來關懷學生，並且願意付諸行動提供學生任何學習上的需求，喚起學習的內在動機。

差異化教學中，教師在介入與回應上亦扮演關鍵角色。Banks（1994）強調面對來自不同背景的學生，要對於不同的文化、學習方式、歷史遺產、貢獻和成就學習理解，至少須具備三項知能：其一是內容統整，即教師要利用各種團體及其文化作為例子和內容，以解釋各領域的事實、概念、原則和理論，將文化內容融入各領域中。其二，在知識建構過程中，教師要能協助學生瞭解、探討和決定某一領域中潛在的文化假定、概念架構、觀點和偏見等，如何影響知識內容及其建構的方式。其三，為正義的教學，教師要分析自身的教學程序和形式，以決定如何設計多元文化教學的內容和問題，以適合不同種族、階級、性別和語言學生的學習風格，使其都能發揮潛能，回應差異不只是在證實（confirm）學生，更在肯定（affirm）學生的表現（Hemmings, 1994）。

15 美國一所小學差異化教學的文化回應實踐觀[4]

壹 前言

臺灣在導向民主化過程，社會人口多元特性益趨鮮明，學校中學生背景差異更顯著，學生背景差異產生的學習落差，成為學校的新挑戰，關注「差異」成了教學改革的重心。

美國人口多元特性，學校教育中致力於文化回應教學，肯認學生差異。筆者於 2010 年至 2011 年到美國，進入 SH 小學進行為期一年的文化回應學校實踐研究（林佩璇，2011），主要關切：面對學生多元文化背景，學校及教師如何回應學生差異進行教學？

SH 小學包含幼稚園至五年級學生，約有 402 名，學生來自 28 個國家，使用的語言多達 43 種以上。學校致力於建構一個安全及支持的環境，課程強調回應學生背景上的差異。筆者有兩位小孩入籍該校就讀，因此得以家長身分

---

4 本章修改自林佩璇（2015）。美國一所小學差異化教學的文化回應實踐觀。載於國家教育研究院（主編），國民教育新視野：借鏡、蛻變與創新（頁 167-200）。新北市：國家教育研究院。經國家教育研究院與原作者同意授權本書刊登。

加入學校志工行列，參與學校各項活動，更深入探索學校教學的特性。作為一位異文化研究者，我的優勢在於用「新鮮」的視角取得在地人員不易發覺的問題或現象。離開該研究場域已有一段時間，但再檢視翻閱田野資料時，浮現的經驗不斷衝擊我對差異化教學的思維。本文從實地經驗中分享所見所聞，提供讀者看見教學實踐的特性。

學校中的教學實踐離不開社會文化的氛圍（Erickson, 1986），我相信學生在學習能力與動機上有所差異，也相信差異具語言、社會文化特性。筆者進入美國 SH 小學，旨在探討學校和教師在學生多元背景的情境中，如何建構教學，對不同背景學生進行差異回應。對來自異地、異文化的參與觀察者而言，關心學生生活自學校及教室內延伸至其生活世界。

以 SH 小學作為個案，筆者試圖理解：學校和社會大環境各種生態系統互動中，所形塑的教學實踐特性。研究中會舉出學校及課堂中的真實故事，來闡釋學校文化回應差異的教學實踐。

本文是筆者參與學校活動中所見所聞的經驗分享，因兩位小孩入籍該校就讀一年，關心小孩在一個完全陌生的異文化學校場域的學習情況，對於學校有關新生的就學說明、親師座談、學校家長可出席的相關活動，無一不積極參與。也因具家長身分，得以加入志工行列，參與學校各項活動，如午餐志工、校外教學志工及各種活動；另也投入固定時間的教室教學志工：K-1 年級 Ms. Y 班的教學志工（每週一 8:30-9:40，為期一學年，2010 年 9 月至 2011 年 6 月）及 K-1 年級 Ms. A 兩班 ESL 課教學志工（每週三 8:30-10:20，為期三個月，2011 年 3 月至 2011 年 6 月）。Ms. Y 是一位年約 25 歲的女老師，家長對她給予很高的評價，每日放學時必站在門口，和小朋友擁抱道再見。ESL 教師 Ms. A 年約 35 歲，育有三位小孩，其中兩位已就讀小學，穿著輕便，總是帶著微笑。

研究中的事件或故事題材，來自學校的活動，也來自參與教學志工的課堂，而學生的學校及生活故事，主要以筆者兩位孩子的生活經驗為主：五年級

生 Emily 和幼稚園生 Erica。Emily 首次到美國，入學時，學校為其進行英語檢測為小二的程度；期中再測時已有小四的能力水準；下學期開學檢測具備同年級五年級的能力水準，喜歡閱讀。Erica 也是初次出國，完全不諳英語，習慣用擁抱對人表示友好。

作為一位異文化研究者，任何事件或線索對我而言，均是新穎的經驗，文中分享的田野資料來自幾方面：（1）學校整體環境的觀察，包含物理環境、學校政策及活動觀察等；（2）學校課程結構的認識，從正式的學校課表、活動，非正式課後活動，及潛在的課程線索認識學校課程特性；（3）進入 K-1 教室及 ESL 教室的教學觀察；（4）非正式對談，筆者與學校行政人員、教師、學生及家長進行對話；（5）教學相關文件，如學習單、作業活動等。

貳 SH 學校風貌

學校脫離不了所在的社會環境，尤其是學生的社區生活。SH 小學位於 W 州都會學區（district）內，臨近一所國際型大學。該州學校採學區制，以學生學籍作為入學依據，SH 小學的學生主要來自兩個學籍區：一是 Sh 村（village），社區多為當地的美國人，該村社區文化及活動活絡，外地人不難感受到社區的友善。附近居民相當熱心，學校常和社區做有效連結，提供學童協助。另一學籍區為大學家庭宿舍，提供國內外學者居住場地，居民背景多元。宿舍區設有社區中心，學生課後多會到中心玩耍，中心外為寬闊的草地，並設有遊樂器材，中心室內也有寬敞的遊戲空間，天花板上垂掛各國國旗，牆壁上也貼著大幅世界地圖，成為 SH 小學學生和家長課後交流的重要場地。

學校附近社區有許多公立圖書館系統，為方便學童借閱圖書，在學校附近設有固定時間的活動圖書專車（book mobile）。而大學及博物館經常提供學校學生的參訪學習或活動行程。

　　來到 SH 小學，從環境物理特性來看，學校外圍的環境優美，高聳的樹木圍繞學校及周邊的住宅，林蔭矗立在不是很寬敞的道路兩旁。學校外觀不新穎，為一棟類 L 字形黃褐色建築，建築物兩旁有片大大的草地（遊戲場）及一些遊樂器材。周圍坐落了當地居民住宅，學生居住於學校周圍，為避免影響學童上課行路安全，學校不鼓勵家長開車接送小孩，因此大都是走路上學，學童也可以騎腳踏車、滑板車、直排輪等工具上學；冬天常見到家長拖著滑雪板，一路拉著小朋友上學的有趣景象。

　　學校內部有兩層，一樓和地下樓，地下樓有音樂教室、班級教室、ESL 教室等。而一樓除班級教室外，有行政辦公室（校長室、對外聯繫的秘書室、保健室）和圖書館。圖書館外有一個小櫥窗，會配合置放學校活動或學習單元的重點書籍：如有關春天的書或配合國際週（international week）擺置了由家長蒐集、具有各國特點的玩偶或作品。一樓另有兩間室內體育場（其中一間，中午時作為午餐室），學校的例行活動多利用體育場舉行，適時將世界各國國旗垂掛在天花板上。而不太寬敞的室內走廊（約三至四公尺），兩側牆上則貼著世界地圖、各國國旗圖片、學校的歷史圖片、學生的作品櫥窗等。

　　各班或科任教室外，貼著任課教師的名字，學生對級任老師很熟悉，對科任老師也常是侃侃而談。教室外的走廊設有學生個人置物櫃，有些班級會利用走廊布置學生的作品；學校也利用一些空間貼上學生對老師及志工的感謝語或圖畫。走廊的廁所入口，可以看到同時用英文、西班牙語、中文、日文、韓文等不同文字所標示的女廁、男廁。在小小的學校空間中，就來自臺灣的小朋友而言，他們可以在學校的各個角落找出自己國家的世界地理位置、國旗、有特色的作品或玩偶，也可以找到中文字，更可以認識學校中好朋友來自的地區及國旗等。

　　SH 小學的學生人數，以 2011 年 5 月的資料統計，包含幼稚園至五年級學生，有 402 名，學生背景來自 28 個國家，使用的母語多達 43 種以上。因財政經費緊縮，自 2010 年 9 月的新學期實施混齡編班，將幼稚園、一年級；二、

三年級；四、五年級合班。全校職員有 62 人，如表 15-1。

⊃ 表 15-1　SH 小學的學生及教職人數統計

年級	班級數（班）	平均每班人數（人）
k-1	9	17
2-3	6	24
4-5	5	21
學生背景：來自 28 個國家，43 種以上語言		
全校職員 62 人（教師人數：40 人，男 15 位，女 25 位。行政人員 22 人）		

資料來源：作者整理自 2011 年 5 月 SH 小學提供的統計資料。

　　以 Erica 就讀 Ms. Y 的 K-1 年級為例，2010 年 9 月開學時有 16 位同學，第一學期轉出一位大陸的幼稚園小女孩，後又新進一位大陸的幼稚園小男孩，下學期又轉來一位日本的幼稚園小男孩，2011 年 3 月以後，17 位學生有女生九位，男生八位，來自八個國家。

　　再以 Emily 所在的 4-5 年級 Mr. E 班為例，全班 18 位小朋友，女生共七位來自五個國家，一年後，其中五位女同學有些隨家長回國，有些或因工作移至其他各州。學生的流動性大，Emily 說：「每次有同學要離開，級任老師 Mr. E 的眼眶都紅紅的。」老師看著一些來自其他國家的學生，從不諳英語的陌生與羞澀，到很快融合於班級團隊中，揮別學生時，想必老師心頭交雜各種滋味！

參　課堂剪影

　　筆者進入學校，關注的要點在於探究學校和教師面對學生多元文化背景、學習差異顯著的班級型態中，如何進行教學。以下是筆者參與 Ms.Y 和 Ms. A 班級教學志工的課堂觀察。

一、Ms. Y 的 K-1 班

（一）教室環境

　　Ms. Y 班級教室外，有一排學生個人置物櫃，供學生置放個人書包、衣物和鞋子。教室內的空間如圖 15-1 所示。教室內四周，A 牆面上半部為窗戶，和窗台齊面，擺了一組教具櫃，櫃上放置著學生個別學習盒。SH 小學 2010 年 9 月的新學期首次實施混齡編班，各班級人數雖不多，然因文化背景差異大，學生的學習起點、學習準備度及先備知識均有明顯的差異；每位學生學習速度也不同。Ms. Y 為每位學生準備兩類教材盒，一為讀本盒（reading box）、一為數學盒（math box），盒上貼著學生的座號，盒內的學習材料及作業因學生程度而異，教材盒放置在教具櫃上，方便學生取用。B 牆面板貼著每日的教學課表（教師每日更換）、當天授課數學課程的重點，板面下仍為教具櫃；C 牆面布置學生作品及單元教學重點（如石頭、春天、地球……依課程內容更換）；D 牆面則貼了每週之星的生活照片和故事，另有英文字母表。

　　教室的空間以三個簡易的小書櫃象徵式分為四區，書櫃約 100 公分高，櫃中放置教師為學生準備的不同層級的數學教材和文具。I 區靠 A 牆和 C 牆為四組分組座位，小組桌面上置放筆、橡皮擦、色筆、剪刀等文具，小組共用。Ms. Y 的班級座位以分組方式安排，一方面有助於學生互動、相互協助，一方面利於教師採分組能力教學。

　　II 區靠 B 牆面，地板上鋪有地毯，地毯前方放了一活動白板架，和老師上課坐的椅子，此區可作為教師進行全班分享及全班授課用。老師上課時通常坐在椅子上，學生直接面對老師席地而坐；此區也是學生分組活動時，小組活動的另一場地。III 區靠 D 牆面，老師擺置四張桌子，供教師進行小組時的專區。IV 區在 AD 角落，放了一把大型懶人椅，為學生自由閱讀區，下課或不睡午覺的同學，可以在該區看書。

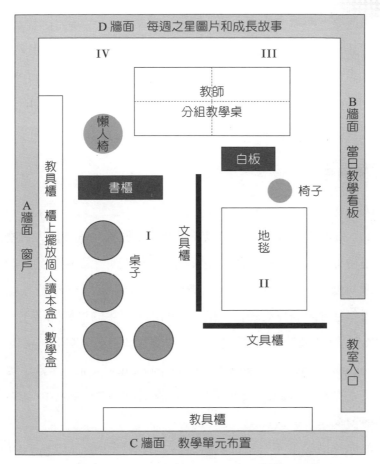

⤳ **圖 15-1　K-1 年級 Ms. Y 班教室空間**

（二）學習重點

　　各班教師簡介、課程及學習規則要點，在開學當天，即由各班教師準備好放在檔案中。學生每日的學習課表，教師當天也會在教學前說明。家長聯絡簿週五發下，聯絡簿印有一週學習活動說明，Ms.Y 也利用 E-mail 通知家長當週的活動及教學重點。以 2011 年 1 月 31 日至 2 月 4 日一週的通知為例，教師在資料中傳達一些重要資訊：轉出學生或轉入學生介紹、本週的教學重點（自然

單元一石頭觀察、閱讀、新字介紹、寫作、數學等)、下週及日後重要活動預告及準備等(如配合教學單元到 Geology Museum 校外教學、到校 100 天的準備物品、知會學生提前準備 2 月 14 日情人節交換禮物及卡片、介紹當地重要的 Packers Day 的由來等)。聯絡簿的說明除了提供家長和教師的溝通管道,也概要說明學生在校學習重點。

(三)教學剪輯

04/11/2011

學生 8:30 前進到教室,將書包及厚重衣褲放於教室外個人置物櫃內,隨即進入教室放他們的午餐牌(學校用餐或自行備餐),而後走到分組座位上,從靠牆的教具櫃上,拿取個人專屬的數學盒(math box),自行在座位上做數學。從本學年起,因學校班級採混齡方式編班,學生的先備知識不一樣,因此每位學生數學盒內的練習教材難度不一,主要包含有幾何圖形(geographic)、數字卡(counting card)、算術練習簿(counting day book)、數字簿(number book)、撲克牌(play card)、連連看作業等,程度較好的學生,盒內也放置了坊間數學練習本。

學生的數學準備度不一,以數數而言,有些學生的進度為 1-50 數字的認識;有些算 50-100;有些進度為 1000 以內的算術。學生在小組的座位上,自主決定數學盒中的數學項目,有些拿出連連看學習單;有些和同學玩牌學習算術的加減。時間很自由也很有彈性。這些活動類似一天的暖身,老師以玩數學的方式開啟一天的活動。

8:45 老師放音樂,聽到音樂聲,全班圍坐於白板架前的地板上,Ms. Y 介紹本週之星(star of week),由該同學以手語分享他的心情,全班輪流以手語或簡短口頭表達他們昨天的心情故事。

9:00 學生留在地板座位，改為分排方式。老師事先將單元重點寫在白板上，開啟主要教學活動，通常單元的教學題材以一年級生為主進行設計，對準備度夠的學生，熱切於參與學習與討論；然而對年幼的幼稚園學生而言，有時難度較高，教師不會給予學習壓力，因為每位學生學習進程不一，先備的學習，教師於數學盒中另做了不同層次的安排。

9:08 全班授課之後，學生回到分組座位上自我學習，教師將學生分為四組，如果當天 Ms. Y 對 A 組小朋友進行小組教學，B 組由志工協助他們在小組中做數學單元練習，C 組在地板上玩數學幾何圖形，D 組自行寫數學盒的作業。

9：20 老師出現一個小手勢，學生從手勢中，知道 B、C、D 組該輪換位置（B 組移至地板玩幾何圖形；C 組練習數學盒作業；D 組做數學單元練習），一節課下來，志工協助兩組進行數學單元作業。當天的單元為算術（counting），學生以教材操作判斷 2 類東西組成 3、4、5 或 6 有幾種排法，學生先操作 2 類物品組成 3 時，有幾種可能性，進行 10 次之後；進階到 4 的組合方式，進行 10 次，依此類推。有些學生在操作 2 類物品組成 7 的組合方式，已發現規則；而有些小朋友，還在摸索組成 4 的方式。學生的學習步調不一，但不構成時間的壓力。未完成的，明天可繼續。已完成單元練習的學生，可以自行做數學盒的練習，也可和其他學生玩數學撲克牌遊戲。9:40 第一節數學課結束。

Ms.Y 為級任教師，此節課呈現 Ms. Y 典型的教學樣態。8:30-9:00 類似上學準備時間，9:00 才啟動學科教學，每週一上課前，教師總是花 5 分鐘時間，

先讓學生分享他們的生活故事。Ms. Y 很重視學生的數學學習,在教具的準備上相當用心,教室後排的教具櫃全是她準備的教具,學生在學習的過程中,自行依其需要取用。學生的學習步調因人而異,教學主要藉由操作引導學生發現數學的規則,而非數字的加減機械運算;此外,以分組形式進行指導,一堂課以一組為重點,適度請志工協助與配合,每位學生的學習均會受到關注。

數學自主學習主要藉由數學盒,教師為四組學生準備不同分層教材,有次序的置於教具櫃中,如果數學盒中學習作業簿已用完,教師決定該學生是否可進階到下一階段的教材,由志工協助教材的更換。以 Erica 為例,當 Erica 的 1-25 數字概念學習穩固,Ms. Y 決定將教材更換為 25-50 數字的學習作業組合(包含連連看作業簿、數字填寫、數字排序等)。學生個別的學習是在日常教學中,教師依學生作業單練習進度和小組教學互動的發現,進行評估調整。

此外,因班級隨時有新外國學生轉出或入班就讀,Ms. Y 建構出溫馨接納的教室氛圍,善用相同語言的小朋友,和新進同學同一組,便於提供語言上的翻譯及學習協助,新進的學生在差異的環境下,很快進入交流互動中。

05/02/2011

教學活動在 Ms. Y 班級具有例行化的方式,學生已熟悉上課的規則及程序。今天老師的重點放在數字大小的排序,老師發給每位小朋友一張紙,格子上有不同數字,有些人的是 12,15,18,21……;Erica 拿到的卡片數字為 50-100 內的可能數字,59,60,61,62……78(數字卡依學生個別程度而設,Erica 的數學進度為 50-100 數字的認識),每個小朋友先剪下數字,再依小至大排序。

5 月 2 日是本月的第二天,老師發給學生一張四開大的紙,學生製作五月的月曆,標上星期、日期。月曆的製作是每月初數學課例行的作業,學生從中學習瞭解日期,註記天氣概況,老師引導事先登錄

本月重要的活動，完成的月曆由學生帶回家，貼在家中牆板上，學習和生活作息產生緊密的連結。

當天教室後的牆板及教具櫃上已將石頭圖片及展示品換了新單元：植物的圖片（主題和春天有關），也留了不少空白板面等著布置！板面下的教具櫃上放了一個植物保溫箱，裡頭擺放一個個小花盆，上一週老師和小朋友播下種子，現在，在盆裡可以看到小朋友種的種子發芽了，箱內小小的燈罩，不忘給植物一些溫暖。

教室牆板，教師會依單元更換，級任教師教學和 ESL 做了一致的協調，本月課程的內容、主題及活動均是環繞春天作為架構。教學與日常生活中天氣的改變和環境的氛圍（動植物捎來的春天訊息），反映在學生學習活動中。Erica 回家後，很興奮地敘說她的種子和其他小朋友種子發芽的故事！大家都很期待明天種子有新的面貌和故事。

06/06/2011

14:00 安排演戲活動（play），學生在教室中做表演。觀眾有五名家長、ESL 老師及五年級的麻吉班（buddy）同學入班參加。同學分成五組表演，與其說表演，不如說是小組故事朗讀。五組同學有的兩人一組，有的三人一組，由 Ms. Y 依學生的語文能力分組。老師鼓勵小組自行編寫要朗讀的故事，決定表演的方式。有四組由學生自己拿著劇本，戴著面具，進行不同角色的朗讀。Erica 這一組有三位小朋友，是班上英文能力表達較有限的學生，由老師找了大書，請三位同學唸出第一、二行字，作為故事開頭，之後由老師旁白，三位配合旁白做動作，演出三隻小熊，活動很簡易，學生儘管語言程度不一，但參與的熱烈度是一致的。

學年度即將在 6 月 10 日結束，到了下學期，Ms.Y 班上幼稚園生將升上一年級，留在 Ms. Y 班級；而一年級同學將升到二年級，則會轉入中年級班；此外，一些在國外的同學也即將返國。學期最後一週，珍惜期末相處的氛圍，在學校中、在教室中、在課後的學生互動中，熱絡的展開。學期末的表演活動，給每位小朋友一個舞台，不必有花俏的道具，成果發表即是平日閱讀能力的表現。

二、Ms. A 的 K-1 年級 ESL 班

ESL 課有特定專任教室，教室外貼了所有 ESL 老師的照片，教室內掛了美國國旗，右牆的櫥櫃上置放各國小朋友送的小禮物或裝飾品。教室入口的左牆面擺放書架，架上放置分類為 1 至 30 級圖書。小朋友上課後，依其閱讀的級數，每天借兩本回家閱讀。

03/15/2011

9:30　Ms. A 從 K-1 各班將學生帶進 ESL 教室，班上共有八位學生，來自中國、臺灣、日本、韓國、智利、墨西哥等國。Erica 是當天的小老師（leader），當小朋友將昨天的借閱書放於書籃，並從書架上找了兩本新借的書籍後，即坐在活動白板前的地板上。等同學都坐定，Erica 例行性地拿著指示棒，先指著牆上的表格，引導小朋友讀出「今天是 3 月 15 日，星期三，晴天」。從 2 月中以來，這個月的主題為地球（earth）。八位學生熱烈地分享著他們各自來自的國家，上週他們在課堂上已學過世界五大洲，來自中國的同學還特別指著牆上世界地圖，很得意地告訴我說：「我的國家在亞洲。」Ms. A 將重點拉回到學生現在居住的 M 城，要同學回到座位，在發下的 M 城地圖上，寫下「I live in M city」，並指出學校的鄰居有

Sh Village、EH housing、uninversity W-M，並加以著色。

03/23/2011

　　ESL 課仍然繼續地球此一主題，單元為房子（house）。Ms. A 拿了一本大書（big book），指出世界各地人類居住各式各樣的房子，如冰屋、高架屋、石板屋等。今天班上有一位從日本來的新同學，上週有一位從大陸來，來自韓國的 ESL 老師 MiMi 也到課堂上幫忙。全班在 Ms. A 引導看完大書後，隨即回到桌子位置，由志工發下學習單，完成老師準備的房子圖片，每位學生完成作業的速度不一，作業進度相當有彈性。學生的作業由志工及 MiMi 老師協助指導。同時 Ms. A 利用一些時間，每次叫一位學生到另一獨立桌子，進行閱讀和理解測驗，測驗的目的一方面確認學生是否需繼續留在 ESL 班級，另也作為規劃學生讀本級數的參考。以 Erica 而言，上學期初進 ESL 時，讀本級數從 1-2 級開始，今天測試為 6-7 級。

04/27/2011

　　Ms. A 因小孩生病請假，來了一位代課老師，代課老師仍延續 Ms. A 的教學計畫，在小朋友完成日期天氣朗讀之後，接著唱一首春天的歌，另讀出「四月雨帶來五月雪」（April shower brings May flowers）。代課老師藉由讀本導入主題：有關春天的花。小朋友大多迫不及待回答老師的問題，當然，也不免有小朋友靜不了心，但看不到老師發脾氣！Erica 上課也會舉手發言，雖話說的不多，但對老師及學生的互動似乎很習慣了。回到座位上，小朋友延續上次課堂未完成的作業，將作業單上的植物著色，並貼上 soil、seed、stem、leaf、root 等字於圖片的適當位置，小朋友一邊做，一方面學

新的字彙，一方面認識春天的植物。

05/04/2011

　　課程仍以春天的花和動物為主題，昨天天氣還很冷，Ms. A 帶小朋友在校園裡拍照，拍了 20 多張照片，有花（水仙、蒲公英、路邊小花）和一些動物的照片（如松鼠、州鳥知更鳥等）。今天印出在課堂上和小朋友討論這些花草和動物的名稱、顏色，以指導小朋友完成春天的小書製作。課堂上唱了兩首春天的歌曲（改編自學生已熟悉的曲子），學生都能朗朗上口。接著老師將昨天和同學拍的春天的花朵及動物圖片貼於白板上，和同學做討論。回到個別座位時，每位小朋友的進度不一，有人繼續完成昨天未完成的作業單 —— 畫種子發芽的過程、著色、剪貼完成小書。完成該項作業的小朋友，志工發下另一本小書（十頁），每頁印有「In the spring, we see_____（red robin in the tree; white tulip in the garden...）」。小朋友可在每頁空白處，從白板的圖片選圖片貼上，完成一頁再貼另一頁，沒有完成的部分，明天可以繼續完成。

小朋友在個別作業的同時，今天 Ms. A 叫 Erica 進行閱讀測試 —— 第 9 級閱讀。

05/26/2011

　　「今天是 5 月 26 日，星期四，雨天」的朗讀聲中，開始今天的 ESL 課。本週的主題為春天的動物（animal），乃是配合週一 K-1 學生到農場的戶外教學（ESL 教師也跟著一起去），小朋友在農場裡看到各式各樣的動物，也可以在農場捉自己喜歡的小動物，Erica 當天手中捧了一隻小雞。課堂活動老師找了一本小鴨（ducking）繪本，說給小朋友聽。回到座位上開始進行學習單作業，Ms. A 已準備

好貼紙、圖案……作業內容是由小朋友選一種動物，仿繪本語詞，填入學習單的空白處，並完成剪貼或繪圖。

從春天單元教學開始，Ms. A 準備舊的乾淨襪子，供小朋友播下小草的種子，種下他們的草友（plant pal），學生從那天起每天將種子的成長過程做日誌（journal），寫下紀錄。目前每位小朋友的草友均長出嫩綠的頭髮，有些人忙著觀察紀錄，有些人忙著幫小草剪頭髮，照顧草友看來比今天的作業更具吸引力。

ESL 教學單元和級任教師教學單元是一致的，配合單元教學進行的校內外活動（如種草友）也都經過課程協商。因此 ESL 老師也都會參與相關活動，如參觀農場或博物館等，在活動參與中，ESL 老師對 ESL 個別學生在班級的學習情形也有深入瞭解。當有新轉入的學生時，ESL 老師視學生需求，也會進班主動協助新生學習。

語文能力的增進是 ESL 老師最關注的核心。因此在教學過程中，Ms. A 利用學生座位學習時間，每次請一至二位學生做閱讀能力測試（約 10 至 12 分鐘），從形成性的觀點而言，它可瞭解學生進步情形，作為指定閱讀本進階的參考；從總結性觀點而言，測試目的在於檢證學生能力水準是否已達同齡學生的基本程度（小一生讀本程度約為 21-25 級），若達成者即可結束 ESL 課程。測試方式通常由 ESL 老師選取讀本，先請學生閱讀一部分後，由老師和學生討論讀本的要義，依此決定學生的英語能力水準。以上述 ESL 課堂剪輯為例，Ms. A 於 2010 年 9 月測試 Erica 的閱讀讀本級數為 1-2 級（Level 1-2），2011 年 3 月 23 日測驗為 6-7 級，5 月 4 日為 9 級。

從 ESL 課堂中，每次上課配合單元而有不同的子題及學習作業，個別學生的學習進度及完成作業的步調不必是一致的，老師對學生學習作業完成的速度，給予很大的彈性。Ms. A 認為學生要瞭解的是重點概念及關鍵字，作業如

能一次在課堂中完成，予以肯定；如學生需要更多時間完成也是允許的，當課程進入另一單元，前次課堂未完成的學習作業，願意帶回家繼續完成，也是老師樂見的。學習過程中，孩子樂在參與及分享，似乎感受不到繳交作業的困擾及壓力。

肆 SH 文化回應差異化教學的轉化

　　從一年的學校參與及觀察，不難發現 SH 小學學生在文化、語言、生活背景的差異，形塑學校的特色。以下從文化回應的觀點，分析 SH 小學回應差異的教學實踐轉化的特點。

一、支持差異的學習環境

　　SH 小學鄰近一所國際知名大學，學生約有半數來自大學宿舍國際學者子女，各國學生轉出轉入，已經形成學校傳統特色，學校致力於營造一個安全及支持的環境，課程強調回應學生背景上的差異：建構一個相互信任及尊重的夥伴關係；依據學校的多元特性從經驗中與世界接軌；提供文化豐富、投入及檢證課程；建立及維持學生間的積極關係（引自 2010 SH 學校網頁）。

（一）善用家長優勢，進入學校支持學校及班級教學

　　SH 小學家長除在地居民外，學校鼓勵來自國際家長參與學校活動，協助學校各項活動、班級事務、教學或課後活動的安排。以筆者參與一年志工的經驗，在數學教室中，學生以能力分組方式進行學習，當老師教導特定小組時，我配合能力組別協助學生個別學習。在 ESL 教室中，我的任務在於協助學生依其程度借閱每日讀本、協助學習單及文具用品準備外，並對於來自華語地區

學生做教室學習的說明。志工的角色在協助教師教學及學生學習的差異上發揮支援功效。

（二）學校不同語言背景的教師，提供學生學習支持系統

因應學生文化背景及語言的差異，學校聘有來自中國、韓國、西班牙、法國等國的 ESL 教師，為了協助新轉入外籍學生，這些老師常配合班級教師的需求，進駐班級提供不同語系學童的必要協助。如來自香港的 Judy 老師，在學校服務十多年，不諳英語的臺灣幼稚園新生 Erica 剛入學頭兩週，只要時間許可，Judy 均會進入 Ms. Y 的班級瞭解 Erica 的學習情況，提供適時的協助。

（三）結合教學的行政支援

圖書館是學生最常使用的地點。圖書館設有一名專職圖書館員 Ms. H，開學初，她會例行性地對各班小朋友介紹圖書館藏及圖書利用等。平日登錄圖書借閱外，更提供學生閱讀的諮詢，以五年級 Emily 而言，初至該校，不知借閱何種適合閱讀的圖書，ESL 教師即提供 Emily 的英文測試水準，請圖書館 Ms. H 依據英文程度、年齡，和家長討論後，提出一系列可供閱讀的書單，Emily 可以根據書單在學校或至公立圖書館借閱讀本。

二、肯認學習奠基於學生既有文化、語言及興趣上

知識的有效在於易於瞭解並貼近學生生活與校外經驗。2010 年 9 月 1 日開學前，筆者因兩位小孩將入籍該校，全家先到學校參訪，讓孩子得以先認識新的學校。走進辦公室，校長 B. L. 主動過來招呼，熱心地帶領我們參觀學校教室。我很好奇，面對國際學生轉入轉出的頻繁性，特別是英文能力的落差，是否造成教師教學上的困擾？校長表示：學生背景多元是學校的特性，她在本校任職校長已十年之久，很高興能認識來自世界各國的小朋友及熱心服務的家

長，學生的學習不必擔心，他們很快就會適應了。

　　開學後第一週，學校舉辦各種說明會，如新進生說明會、幼稚園第一年入學生說明會等。在說明會中，不難想見，家長最關心的是學生在校的學習狀況，一位國外家長請教：「小孩對英語完全陌生，我很擔心小孩的適應問題。」有位 ESL 老師回答：「學校有多位 ESL 老師，有些來自不同國家，他們會協助小朋友在校的學習，孩子在學校放心交給老師就是了。」另一位家長又問及：「是否有課後的英文學習，可以做補強，加速語言的能力？」另一老師回答：「相信我，孩子在學校為習慣新的語言，已經很辛苦了，老師在學校的教學對孩子而言，已經是很大的負擔了。孩子回家後的功課，除了玩，就是玩！」我還是很不放心，也請教：「是否可以請學校提供一些教材，由家長在家陪同練習？」老師回答：「小孩甫到一個新環境，他們應該有很多學校的經驗在回家後想和家人分享，學校的新語言環境對他們而言是辛苦的，回家後請給他們機會，用他們熟悉的語言交換學習的心得，對他們的學習是有幫助的，語言學習不要構成他們的負擔。」

　　開學後第三週，各班舉行班親座談，級任老師和學生家長個別討論，如學生排有 ESL 課，則 ESL 老師也會同時在場。以 Emily 班級為例，老師 Mr. E 出的作業，是學生每天閱讀 20 分鐘，每週寫小文（narrative）一篇以上，為鼓勵 Emily 多練習寫作，身為家長，我要求 Emily 每天寫一篇，在班親會時，我向老師表示自己鼓勵 Emily 每天寫，Mr. E 對我笑而不語，轉而對 Emily 說：「妳如果認為每天寫可以接受，那就好，但如果妳想一星期寫一篇，那也可以，我希望妳能享受寫作的樂趣，而不是承受寫作帶來的壓力。」另外，老師發現，Emily 的數學可能超越同班學生的進度，每週也另提供她獨立學習的數學作業（math package），提供強化的練習機會。

三、融合學生背景與經驗的課程轉化

（一）基於生活經驗架構課程內容及活動

SH 小學的教學常配合學生的國家、季節或學校例行活動安排，以 2011 年 2 月中以後 K-1 年級的課程為例，主要的兩個課程主題：一是春天；一是地球（配合國際週）。級任、科任或 ESL 老師的教學多是配合這些主題進行。

以地球主題為例，K-1 年級 ESL 在 2 月 23 日的課程，不難發現主題和學生來自地球各地的生活概念相結合。K-1 年級 Ms. Y 的課程安排，也介紹不同房子、各國的國旗等；另 Ms. Y 邀請了幾位來自國外的家長分享他們的衣食和生活習慣。其中有關中國的介紹，則由兩位中國媽媽擔綱，當然免不了請師生品嘗自製的中國小點心。

學校活動也結合課程，每年例行舉辦一些活動，提供學生表現的機會，如第一學期的才藝表演（variety show）；第二學期的國際週（international week）。國際週結合了「地球」單元，當週週三安排了國際表演（international performace）和服裝秀（parade）。來自臺灣的 Erica 和小然穿著泰雅族服裝代表臺灣的特有文化；Emily 和阿喜、蓉蓉三人表演平日玩的扯鈴，因一起練習時間有限，上台後雖有不少出糗的狀況，但台下叫好聲連連。大家以新鮮及讚許的眼光，欣賞不同文化的特色，沒有人在乎技巧是否純熟。

（二）象徵課程的運用

學校課程是學生獲取知識的重要來源，學校課程內容應被視為一種工具，用來幫助學生發揮及加強現在和未來的力量、能耐、態度和經驗（Gay, 2000）。在 SH 學校教學中，教師除了參照州綱要建構學生分層的教材及作業外，在回應差異做法上，亦有效運用象徵課程（Gay, 2000），在校內可以看到世界地圖、各國國旗圖片，而走廊的廁所入口，可以看到同時用英文、西班牙語、中文、日文、韓文等不同文字所標示的女廁、男廁。在小小的學校空間

中，來自世界各地的小朋友可以在學校的各個角落找出自己和好朋友國家的世界地理位置、國旗、文字、特色的作品或玩偶等，對異文化多樣性，提供欣賞及接觸的機會。

SH 小學將學生文化傳統活動例行化，提供多元學習及分享管道，如才藝表演和國際週。才藝表演提供學生以個別或小組方式報名參與，但每位參與者僅能參與一項表演，以平等地提供機會給全校師生。國際週除了才藝及服裝走秀外，地球村（global village）和各國美食展（food fair）中，學校各班教室提供作為展示不同國家民族特點的展示場，活動前一天下課後，即可看到來自世界各地的家長及小孩，進到分派的教室中進行布置，卯足全力呈現其國家民族的文化色彩：服裝、影音、圖片、童玩、飾品、文具及手工藝作品當場示範指導等，在介紹自己的文化特色之餘，也盡興地參訪其他文化的優勢。對學生而言，其他同學的家鄉故事，不再是遙不可及的地圖上的一點而已，而是真實的經驗交流。

文化回應即是差異的分享，涵蓋了學習者的意識、意義、情性和深層價值。誠如 Tisdell（2006, p. 20）所指，這些象徵課程呈現的意義在於：（1）承認學習者以不同方式建構知識的重要性；（2）活動連結文化認同；（3）建構一個環境營造社區感，鼓勵學生及教師在教室中做真摯互動；（4）建構一個鼓勵投入參與課程的環境。文化回應差異化教學實踐，從使用符號、藝術、音樂和創造力而來，能提供學習者機會進行知識的共構與轉化。

四、互動式教學策略

不同民族、性別背景的學生所使用的學習程序，會受到他們各自文化的社會調適所影響。SH 小學在教學策略上展現一些特性如下：

（一）建立信任溫馨的師、生、親互動關係

　　回應學生差異，教師是學習者。在學生背景多元、來自不同語系的情況下，正確地叫出學生名字對老師而言也是一項挑戰。Ms. Y 老師很努力學習學生名字的正確發音，她說：「名字是學生的代表，我樂於努力學會他們的原名發音，這算是一種尊重。」每位學生在生活經驗中，有不同的互動樣態，老師用學生習慣的方式建立關係，Erica 剛入學時，語言表達相當有限，但習慣擁抱老師，表示她對老師的感謝和喜歡。Ms. Y 很高興學生用此方式表示互動的親近感，她說：「學生喜歡拉拉我，抱抱我，表示他們有安全感和認同感。」

　　回應學生差異，教師是組織者，可將教室中的學習擴展至校外的積極互動。以 Ms. Y 班級為例，在 2 月 14 日情人節前三週，教師即知會學生可以準備情人節當天交換的禮物或卡片。因此 Erica 和 Emily 及早規劃每日要完成的卡片及禮物數量，以便在情人節之前完成；她們也從圖書館找尋資料，學習寫卡片的表達方式；學習包裝小禮物。對學生而言，學習是統整的、是期待的，而不是作業的壓力。

　　因級任老師樂於開放家長擔任教學志工，在學生及家長間建立起的信任及溝通關係，直接影響到同學及家庭間積極的互動。在 Ms. Y 班級，孩子的互動擴及校外的家庭生活。對孩子而言，生日是日常生活中安排的重要活動，Erica 從兩週前就開始期待 5 月 21 日週六能到同學 Natashia 家參加睡衣生日會（pajama party）；當天下午穿著臺灣帶來的睡衣在 Natashia 家用晚餐，並將從臺灣帶來的禮物送給壽星，更喜孜孜地帶回壽星家庭準備的答謝禮。而其他同學的生日活動多元，有些到糕餅工作室，小朋友學做糕餅，吃得高興，玩得盡興！

　　在信任及良性的互動氛圍中，家長也願意表達對老師的感激。5 月 2 日至 6 日教師感恩週之前，Ms. Y 班上有兩位家長，一個半月前即 E-mail 聯絡各位家長，要準備相關的活動，期間每位小朋友認真準備寫信或畫卡片，製成一本

書，於 5 月 6 日上午在班上的敬師茶會中，送給 Ms. Y 表示感謝。當天除了家長準備小點心外，同時送上小朋友的感謝書，也準備了 Ms. Y 的結婚禮物。在家長及學生的保密下，老師的感動不言而喻。

（二）配合學生差異，準備教材、提供彈性的學習時程

SH 小學各班級人數不多，然因文化背景差異大，加上混齡編班，學生的學習起點、學習準備度及先備知識均有明顯的差異；每位學生學習速度也不同，因此教學中，教師會為每位學生準備其教材盒，每位學生依其學習情況有不同的教材及作業。

教師教學採取分組指導的型態，如在數學課中，老師將學生能力分成四組，每一次數學教學時採小組教導，而其他小組則由志工協助作業的完成。每位學生完成作業的速度不一，Erica 在作業速度上較慢，身為家長，我表達擔心 Erica 因不熟悉英語對學習可能造成的障礙，但 Ms. Y 和 Ms. A 均表示，Erica 對學習內容概念很清楚，她需要的是多給她時間完成作業，學習能力不必擔心。

學生個別的學習步調均不同，在臺灣因教材進度的壓力，致使學生需在一定的時間內完成相同的作業進度，也因此造成教與學進度壓力的惡性循環。而在回應差異的教學中，SH 小學的教師認知差異是學生本有的特性，教材及學習時程彈性因應是教學中必然的要件。

（三）運用各種形式的學習及表達方式

以 Ms. Y 的教室為例，教室中的櫥櫃裡是應有盡有的教具，Ms. Y 認為對幼稚園及一年級的小朋友而言，感官的操作是很重要的。因此，她花了很多時間蒐集及準備教材教具。此外鼓勵學生藉玩遊戲，如 goldfish 或撲克牌來加強對數字學習的樂趣及理解，同學在遊戲中不會因語言差異造成溝通上的藩籬。

在班級中，學生文化差異大，為鼓勵學生多表達，Ms. Y 啟動一天的課

程，乃由小朋友用手語來分享家庭生活的活動趣事或是情緒。當然願意以口頭表達也是同學、老師樂見的。學生每人均有一本個人小筆記（story book），用以分享個人每天的故事，表現的方式可以書寫、可以畫圖，也可以剪貼照片。每週五的本週小明星活動，分享著小朋友從小到大的成長圖片和故事。

不同文化間常用不同形式的圖像或符號來表達對世界的認識（Gay, 2000），從 SH 學校整體教學中，可見學校能運用戲劇、表演及各種形式的感官刺激，連結象徵課程，促使學習者和其文化認同建立關聯，讓學生更有機會進行知識的轉化，進而對學習動機和興趣產生正向的關聯。

（四）彈性運用分組學習、小組教學及個別學習

合作學習鼓勵異質互動的特性，在文化回應教學中是被廣為接受的方式（Gay, 2000）；而在差異化教學上，彈性分組是一重要的策略（Heacox, 2002）。

SH 小學班級教學中，面對學生多元的語系及隨時轉入的新生，學校除了安排來自與該生相同語系的 ESL 老師和志工到班協助外，教師還會利用同學彼此協助，安排一位相同語系的學生和新到班的新生同一組，互動上可以更彈性地使用日常用語及溝通方式，提供知識再概念的過程。此外，從 Ms. Y 的班級剪影中，可以看到有幾種教學型態：（1）全班教學，主要教授基本的核心概念；（2）小組教學，教師依學生能力分組，進行小組教學；（3）小組互動學習，學生在小組中進行遊戲，如數學撲克牌；（4）學生自主學習，依教材盒的作業進行自學。在 ESL 老師的教學中，除了以分組的方式進行學習，也對學生進行一對一的指導及評估。

彈性分組及獨立學習中，教師的責任在於提供充裕的工作空間、明確的方向並建立規則和引導方針，建構一個健康支持的環境，允許學生依其需求和策略調整學習的互動方式，感受愉悅的學習經驗。

五、學習評估作為監控和學習指導的依據

　　臺灣學校習慣性地進行定期的期中、期末測驗，SH 小學學生的學習評估有兩個顯見的方式，一是例行性的州測驗，每年就二、三、五年級生進行的全州性測驗，此測驗為「No Child Left Behind」政策。一方面用來瞭解學生在語文、數學方面的表現水準，作為教學的基礎參照；一方面作為學校績效的參考依據。另一種評估則是課堂中，教師為學生隨時進行的檢測，它可用個別平日學校學習單作為評估依據，也可能是任課教師對個別學生進行的檢測。從 ESL 課堂剪影，教師對學生的學習評估是隨時進行中，發揮的形成性任務成為誘導學習的有力契機（Tomlinsom, 2001）；以 Erica 的學習說明，如果 Ms. Y 在她的數學盒中更換更進一階的教材，或是 ESL 老師對她的閱讀評估之後，說她可以借閱更高層讀本時，她總是充滿期待與信心。

　　在異地、異文化學校一年的實地研究，筆者所體驗到的教學實踐和在臺灣教學現場的經驗有太多不同。當我們假設文化差異可能是學生學習障礙的根源時，SH 小學的教職員認為差異是學生本有的特性，是學習的基礎；當我們的課程執著於既定學科內容時，SH 小學課程內容以生活經驗為基底；當我們在乎孩子學習成績表現時，SH 小學教師關注學生核心概念的理解；當我們致力於建構一致化學習進度時，SH 小學學生的學習步調會因人而異；當我們努力催繳學習作業時，SH 小學學生可以享受作業的樂趣；當我們刻意經營不同於排排坐的分組活動時，SH 小學學生慣於各種互動方式；當我們的學生疲於應付各種評量時，SH 小學學生未感受學習評估的威脅；當我們的學生承受學習進階的壓力時，SH 小學學生將學習進階視為信心與期待……

伍 結論

　　學校教學實踐是文化中介活動，帶著異文化的視框，我進入一個陌生的美國小學。進入 SH 小學之前，心中最大的疑惑是，學生文化、語言和生活各方面的差異是否造成學校教學的困擾、影響學生在校的學習表現？在此焦慮背後，我陷入同一文化主義（monoculturalism）的觀點，將文化視為一致的價值和語言，用以解析教學的特性，無形中將差異視為缺陷或弱勢。

　　進入 SH 學校後，我發現學校視差異為必然的生活樣態，肯認學校為文化生態環境，對學校教師而言，回應學生差異是例行性的日常行動。此背後的假設立基於正向文化參照架構上，學生對他們在語言、背景或興趣上的差異，也抱持積極正面態度，學習上有更多彈性過程，不必承載一致化的無助、無奈或壓力。

　　回顧在美國一年的實地研究，藉由文化回應的差異化教學作為論述框架，反思臺灣在全球化的趨勢下，學校面臨學生背景多元衍生的學習差異問題，政策並非袖手旁觀；學校也非置之不理，諸多方案，如攜手扶助計畫、夜光天使點燈或永齡計畫等，均是對學習不利或弱勢學童提供的安置措施。但筆者也憂心，如果這些計畫或方案的美意，只是將之置於課後的照輔、家庭作業的完成或點狀式的補救教學，對學生學習潛能的開展及學習卓越的追求，可能事倍功半，也可能是緣木求魚。因為學校不可能是排除文化的真空場域，關鍵在於教育工作者以正向的思維，認識學生的差異，擬訂教學目標、設計分層化教材、活化教學方式，建構一個學生得以在調適而不同化的友善條件下成長。

References
參考文獻

中文部分

方永泉（2000）。平等。國家教育研究院雙語詞彙、學術名詞暨辭書資訊網。取自 http://terms.naer.edu.tw/detail/1303872/?index=1

丘愛鈴（2013）。成就每一個學生：差異化教學之理念與教學策略。教育研究月刊，**231**，18-32。

何縕琪、林喜慈（2006）。文化回應教學之實踐與省思：一個多族群班級的行動研究。慈濟大學教育研究學刊，**2**，33-66。

吳清山（2012）。差異化教學與學生學習。國家教育研究院。取自 http://epaper.naer.edu.tw/

呂庭妤（2012）。運用文化回應教學於新移民子女之行動研究（未出版之碩士論文）。淡江大學，新北市。

李真文、羅寶鳳（2013）。學習共同體為基礎的差異化教學探究。教育研究月刊，**233**，21-36。

李惠娉（2015）。國小六年級閱讀課程運用差異化教學之行動研究（未出版之碩士論文）。國立新竹教育大學，新竹市。

林佩璇（2011）。學校課程實踐中文化回應之探究：一個美國小學的觀察。發表於第十三屆兩岸三地課程理論研討會。香港：香港中文大學。

林佩璇（2015）。美國一所小學差異化教學的文化回應實踐觀。載於國家教育研究院（主編），國民教育新視野：借鏡、蛻變與創新（頁 167-200）。新北市：國家教育研究院。

林美慧（2003）。文化回應教學模式之行動研究：以泰雅族小學五年級社會科教學為例（未出版之碩士論文）。國立花蓮師範學院，花蓮縣。

林素貞（2013）。差異化教學與成功學習。教育研究月刊，**233**，49-60。

林喜慈（2005）。文化回應統整教學：一個多族群班級之行動研究（未出版之碩士論文）。國立花蓮師範學院，花蓮縣。

侯秋玲、甄曉蘭（2014）。從支援學生學習談差異化教學。教師天地，**190**，31-38。

夏正江（2008）。一個模式不適合所有的學生：差異教學的原理與實踐。上海市：華東師範大學出版社。

翁惠婷（2015）。運用差異化教學於國小五年級學童英語學習成就與學習態度之研究。國民教育，**55**（2），61-81。

張素貞、黃詣翔（2012）。差異化教學的理念與實務。載於張素貞、李俊湖（主編），十二年國民基本教育精進教學的理念與實踐（頁 155-177）。臺北市：國立臺灣師範大學。

張碧珠、呂潔樺、賴筱嵐、蔡宛臻、黃晶莉（譯）（2014）。能力混合班級的差異化教學（原作者：C. A. Tomlinson）。臺北市：五南。（原著出版年：2001）

教育部（2015）。新移民子女就讀國中小人數分布概況統計【Adobe Reader 版】。取自 https://stats.moe.gov.tw/files/analysis/son_of_foreign_103.pdf

莊育琇（2010）。澳洲差異教學對臺灣國中小教育的啟示：以墨爾本 Parkmore 小學為例。取自 http://enews.trsc.chc.edu.tw/100Webs/Other/3660402.pdf

許燕萍（2015）。運用差異化教學策略於數學教學之行動研究：國小四年級分數單元（未出版之碩士論文）。國立臺北教育大學，臺北市。

郭靜姿（2004）。學生異質、老師資優：克服學生能力殊異的教學法。載於國立臺灣師範大學特殊教育中心（主編），資優教育方案的落實與推展研討會會議手冊（頁 3-13）。臺北市：國立臺灣師範大學特殊教育中心。

陳怡靜（2017）。國小六年級英語課程實施差異化教學之研究（未出版之碩士論文）。國立清華大學，新竹市。

陳偉仁、黃楷如、陳美芳（2013）。學校學習支援系統中差異化教學的實施。教育研究月刊，**233**，5-20。

黃敏雄（2014）。台灣學生在「突飛猛進」的同時「差距驟增」：跨國與跨年級比較同屆學生的數學表現【線上論壇】。取自 http://www.sharehope.com.tw/EA_Web/Content_Forum_Page.aspx?pid=16&uid=63&cid=9

葉錫南（2013）。英文科差異化教學之理念與實施。教育研究月刊，**233**，37-48。

解志強等（譯）（2006）。文化回應教學法：理論、研究與實施（原作者：G. Gay）。臺北市：文景。（原著出版年：2000）

詹惠雪、林曉音（2014）。差異化教學運用在國小六年級數學領域之實踐歷程。教育研究月刊，**245**，126-142。

劉美慧（2001）。文化回應教學：理論、研究與實踐。課程與教學，**4**，143-151。

簡良平（2013）。建構差異化教學實踐架構。載於中國教育學會（主編），從內變革：開創教與學的主體行動（頁85-113）。臺北市：學富。

顏惠君、Lupo, S. M.（2013）。滿足學生學習需求，落實教育機會均等：美國維州一所公立高中實施差異化教學之經驗與啟示。教育研究月刊，**233**，121-134。

譚光鼎、劉美慧、游美惠（2008）。多元文化教育。臺北市：高等教育。

英文部分

Abell, P. K. (1999). Recognizing and valuing difference: Process consideration. In E. R. Hollins & E. I. Oliver (Eds.), *Pathways to success in school* (pp. 171-198). Mahwah, NJ: Lawrence Erlbaum Associates.

Antonetti, J. V., & Garer, J. R. (2015). *17,000 classroom visits can't be wrong: Strategies that engage students, promote active learning, and boost achievement.* Alexandria, VA: ASCD.

Banks, J. A. (1994). *Multicultural education: Theory and practice.* Boston, MA: Allyn & Bacon.

Beane, J. A. (1997). *Curriculum integration: Designing the core of democratic education.* New York, NY: Teachers College Press.

Bender, W. N. (2012). *Differentiating instruction for students with learning disabilities: Best practices for general and special educators.* Thousand Oaks, CA: Corwin Press.

Benjamin, A. (2002). *Differentiated instruction: A guide for middle and high school teachers.* Larchmont, NY: Eye on Education.

Blaz, D. (2006). *Differentiated instruction: A guide for foreign language teachers.* Larchmont, NY: Eye on Education.

Bransford, J. D., Brown, A. L., & Cocking, R. R. (1999). *How people learn: Brain, mind, experience, and school.* Washington, DC: National Academy Press.

Bricker, D. J. (2008). *Study of differentiated instruction practices in a teacher preparation program serving Native Americans in Montana.* Doctoral dissertation, Walden University, Minneapolis, MN. Retrieved from http://search.proquest.com/docview/304381835

Brooks, J. G., & Brooks, M. G. (1993). *In search of understanding: The case for constructivist classrooms.* Alexandria, VA: ASCD.

Campbell, B. (2009). To-with-by: A three-tiered model for differentiated instruction. *New England Reading Association Journal, 44*(2), 7-12.

Chapman, C., & King, R. S. (2003). *Differentiated instructional strategies for reading in the content areas.* Thousand Oaks, CA: Corwin Press.

Chien, C. W. (2013a). Implementing choice boards with cooperative learning to serve mixed-level elementary school EFL learners. *Journal of Taipei Municipal University of Education, 44*(1), 67-88.

Chien, C. W. (2013b). Using Raphael's QARs as differentiated instruction with picture books. *English Teaching Forum, 3*, 20-27.

Cohen, E. G., & Lotan, R. A. (1995). Producing equal-status interaction in the heterogeneous classroom. *American Educational Research Journal, 32*(1), 99-120.

D'Amico, J., & Gallaway, K. (2010). *Differentiated instruction for the middle school science teacher: Activities and strategies for an inclusive classroom.* Belmont, CA: Wadsworth.

Dacey, L. S., & Lynch, J. B. (2007). *Math for all. Differentiating instruction, grades 3-5.* Sausalito, CA: Math Solutions.

Diller, D. (2007). *Making the most of small groups: Differentiation for all.* Portsmouth, NH: Heinemann.

Doborah, S., & Hipsky, S. (2010). 3 ring circus of differentiated instruction. *Kappa Delta Pi Record, winter*, 83-86.

Dorn, L. J., & Soffos, C. (2005). *Teaching for deep comprehension: A reading workshop approach.* Portland, ME: Stenhouse.

Eady, K. V. (2008). *Differentiated instruction: An implementation review* (Doctoral dissertation). Available from ProQuest Dissertation and theses database. (UMI No. 3320642)

Erickson, F. (1986). Qualitative methods in research on teaching. In M. C. Wittrock (Ed.), *Handbook of research on teaching* (pp. 119-161). New York, NY: Macmillan.

Fogarty, R. J., & Pete, B. M. (2011). *Supporting differentiated instruction: A professional learning communities approach.* Bloomington, IN: Solution Tree Press.

Gardner, H. (2006). *Multiple intelligences: New horizons.* New York, NY: Basic Books.

Gay, G. (2000). *Culturally responsive teaching: Theory, research and practice.* New York, NY: Teacher College Press.

Giroux, H. A. (1983). Theories of reproduction and resistance in the new sociology of education: A critical analysis. *Harvard Educational Review, 53*, 257-293.

Gregory, G. (2012). *What principals need to know about differentiated instruction.* Bloomington, IN: Solution Tree Press.

Gregory, G. H., & Chapman, C. M. (2013). *Differentiated instructional strategies: One size doesn't fit all* (3rd ed.). Thousand Oaks, CA: Corwin Press.

Gregory, G. H., & Kaufeldt, M. (2012). *Think big, start small: How to differentiate instruction in a brain-friendly classroom.* Bloomington, IN: Solution Tree Press.

Gregory, G. H., & Kuzmich, L. M. (2004). *Data driven differentiation in the standards-based classroom.* Thousand Oaks, CA: Corwin Press.

Grimes, K. J., & Stevens, D. D. (2009). Glass, bug, mud. *Phi Delta Kappan, 90*(9), 677-680.

Goleman, D. (1995). *Emotional intelligence*. New York: Bantam Books.

Gudmundsdottir, S. (2001). Narrative research on school practice. In V. Richardson (Ed.), *Handbook of research on teaching* (4th ed.) (pp. 226-240). Washington, DC: AERA.

Hamm, M., & Adams, D. (2013). *Activating assessment for all students: Differentiated instruction and information methods in math and science*. Lanham, MD: Rowman & Littlefield Education.

Heacox, D. (2002). *Differentiating instruction in the regular classroom: How to reach and teach all learners*. Minneapolis, MN: Free Spirit.

Hemmings, A. (1994). *Culturally responsive teaching: When and how high school teachers should cross cultural boundaries to reach students*. Retrieved from ERIC database. (ED376242)

Irvine, J. J. (2001). The critical elements of culturally responsive pedagogy: A synthesis of the research. In J. J. Irvine, B. N. Armento, V. E. Causey, J. C. Jones, R. S. Frasher & M. H. Weinburgh (Eds.), *Culturally responsive teaching: Lesson planning for elementary and middle grades* (pp. 2-17). New York, NY: McGraw-Hill.

Irvine, J. J., & Armento, B. J. (2001). *Culturally responsive teaching*. New York, NY: McGraw-Hill.

Jennings, M. J. (2012). *Teaching for results: Best practices in integrating co-teaching and differentiated instruction*. Lanham, MD: Rowman Littlefield Education.

Johnson, D. W., & Johnson, R. T. (1999). *Learning together and alone: Cooperative, competitive and individualistic learning*. Boston, MA: Allyn & Bacon.

Kanevsky, L. (2011). Differential differentiation: What types of differentiation do students want? *Gifted Child Quarterly, 55*(4), 279-299.

Khalsa, S. S. (2005). *Inclusive classroom: A practical guide for educators*. Tucson, AZ: Good Year Books.

Ladson-Billings, G. (1994). *The dreamkeepers: Successful teachers for African-American children*. San-Francisco, CA: Jossey-Bass.

Ladson-Billings, G. (1995). But that's just good teaching! The case for cultural relevant pedagogy. *Theory into Practice, 34*(3), 159-165.

Liu, Y. F. (2008). Differentiated instruction through flexible grouping in EFL classroom. *Journal of Taipei Municipal University of Education: Education, 39*(1), 97-122.

Luster, R. J. (2008). *A quantitative study investigating the effects of whole-class and differentiated instruction on student achievement.* Available from ProQuest Dissertation and theses database. (UMI No. 3320691)

Minott, M. (2009). The role of reflection in the differentiated instructional process. *College Quarterly, 12*(1), Retrieved from http://www.collegequarterly.ca/2009-vol12-num01-winter/minott.html

Moss, B., Lapp, D., & O'Shea, M. (2011). Tiered texts: Supporting knowledge and language learning for English learners and struggling readers. *English Journal, 11*(5), 54-60.

Nordlund, M. (2003). *Differentiated instruction: Meeting the needs of all students in your classroom.* Lanham, MD: Rowman & Littlefield Education.

Northey, S. S. (2005). *Handbook on differentiated instruction for middle and high schools.* Larchmont, NY: Eye On Education.

O'Brien, T., & Guiney, D. (2001). *Differentiation in teaching and learning: Principles and practice.* Cornwall, UK: Continuum International Publishing Group-Academic.

O'Mcara, J. (2010). *Beyond differentiated instruction.* Thousand Oaks, CA: Corwin Press.

O'Meara, J. (2011). *RTI with differentiated instruction, grades K-5: A classroom teacher's guide.* Thousand Oaks, CA: Corwin Press.

Pewewardy, C. D. (1998). *Culturally responsive teaching for American Indian learners.* Retrieved from ERIC database. (ED459981)

Phuntsog, N. (1999). The magic of cultural responsive pedagogy: In search of the genie's lamp in multicultural education. *Teacher Education Quarter, Summer*, 97-111.

Pierce, R. L., & Adams, C. M. (2004). Tiered lessons: One way to differentiate mathematics instruction. *Gifted Child Today, 27*(2), 58-66.

Richards, M. R. E., & Stuard, N. (2007). Effects of tiered instruction on academic performance in a secondary science course. *Journal of Advanced Academic, 18*(3), 424-453, 489-491.

Rodrigue, A. (2012). *An analysis of elementary school teachers' knowledge and use of differentiated instruction.* Unpublished doctoral dissertation, Olivet Nazarene University, Bourbonnais, IL.

Santamaria, L. (2009). Culturally responsive differentiated instruction: Narrowing gaps between best pedagogical practices benefiting all learners. *Teachers College Record, 111*(1), 214-247.

Santangelo, T., & Tomlinson, C. A. (2012). Teacher educator's perceptions and use of differentiated practices: An exploratory investigation. *Action in Teacher Education, 34*, 309-327.

Schumm, J. S., & Avalos, M. A. (2009). Responsible differentiated instruction for the adolescent learner: Promises, pitfalls, and possibilities. In K. D. Wood & W. E. Blanton (Eds.), *Literacy instruction for adolescents: Research-based practices* (pp. 144-169). New York, NY: The Guilford Press.

Siwatu, K. O. (2007). Preservice teacher's culturally responsive teaching self-efficacy and outcome expectancy beliefs. *Teaching and Teacher Education, 23*, 1086-1101.

Smith, A. (1998). *Accelerated learning in practice.* Stafford, UK: Network Educational Press.

Smith, G. E., & Throne, S. (2007). *Differentiating instruction with technology in K-5 classrooms.* Eugene, OR: International Society for Technology in Education.

Stauart, S. K., & Rinaldi, C. (2009). A collaborative planning: Framework for teachers implementing tiered instruction. *Teaching Exceptional Children, 42*(2), 52-57.

The Center for Comprehensive School Reform and Improvement (2009). A look at differentiating instruction: Tips for teachers. *NewsLetter*, 1-5. Retrieved from http://files.eric.ed.gov/fulltext/ED506362.pdf

Thousand, J., Villa, R., & Nevin, A. (2007). *Differentiated instruction: Collaborative planning & teaching for universally designed lessons.* Thousand Oaks, CA: Corwin Press.

Tisdell, E. J. (2006). Spirituality, cultural identity, and epistemology in culturally responsive teaching in higher education. *Multicultural Perspective, 8*(3), 19-25.

Tomlinson, C. A. (1999). *The differentiated classroom responding to the needs of all learners.* Alexandria, VA: ASCD.

Tomlinson, C. A. (2001). *How to differentiate in mixed-ability classrooms* (2nd ed.). Alexandria, VA: ASCD.

Tomlinson, C. A. (2003). *Fulfilling the promise of the differentiated classroom: Strategies and tools for responsive teaching.* Cheltenham, VIC: Hawker-Brownlow Education.

Tomlinson, C. A., & Allan, S. D. (2000). *Leadership for differentiating schools and classrooms.* Alexandria, VA: ASCD.

Tomlinson, C. A., & Eidson, C. C. (2003a). *Differentiation in practice: A resource guide for differentiating curriculum, grades K- 5.* Alexandria, VA: ASCD.

Tomlinson, C. A., & Eidson, C. C. (2003b). *Differentiation in practice: A resource guide for differentiating curriculum, grades 5-9.* Minneapolis, MN: Tandem Library.

Tomlinson, C. A., & Moon, T. R. (2013). *Assessment and student success in a differentiated classroom.* Alexandria, VA: ASCD.

Tomlinson, C. A., & Strickland, C. A. (2005). *Differentiation in practice: A resource guide for differentiating curriculum, grade 9-12.* Alexandria, VA: ASCD.

Tomlinson, C. A., Brimijoin, K., & Navarez, L. (2008). *The differentiated school: Making revolutionary changes in teaching and learning.* Alexandria, VA: ASCD.

Tomlinson, C. A., Brighton, C., Hertzberg, H., Callahan, C. M., Moon, T. R., Brimijoin, K., Conover, L. A., & Reynolds, T. (2003). Differentiating instruction in response to student readiness, interest, and learning profile in academically diverse classrooms: A review of literature. *Journal for the Education of the Gifted, 27*(2/3), 119-145.

Turville, J. (2008). *Differentiating by student learning preferences strategies and lesson plans.* Larchmont, NY: Eye on Education.

Ukpokodu, O. N. (2011). How do I teach mathematics in a culturally responsive way? Identifying empowering teaching practice. *Multicultural Education, Spring*, 41-56.

van der Staay, S. L. (2007). Law and society in Seattle: Law-related education as culturally responsive teaching. *Anthropology and Education Quarterly, 38*(4), 360-379.

Waterman, S. S. (2007). *The democratic differentiated classroom.* Larchmont, NY: Eye On Education.

Westphal, L. E. (2007). *Differentiating instruction with menus: Social studies.* Waco, TX: Prufrock Press.

Wormeli, R. (2006). *Fair isn't always equal: Assessing & grading in the differentiated classroom.* Portland, ME: Stenhouse.

Yatvin, J. (2004). *A room with a differentiated view: How to serve all children as individual learners.* Portsmouth, NH: Heinemann.

國家圖書館出版品預行編目（CIP）資料

差異化教學 / 林佩璇, 李俊湖, 詹惠雪著. -- 初版. -- 新北市：心理,

2018.03

面；　公分. --（課程教學系列；41328）

ISBN 978-986-191-816-7（平裝）

1.教學法　2.個別化教學

521.4　　　　　　　　　　　　　　　　　107002808

課程教學系列 41328

差異化教學

作　　　者：林佩璇、李俊湖、詹惠雪

執 行 編 輯：陳文玲

總 編 輯：林敬堯

發 行 人：洪有義

出 版 者：心理出版社股份有限公司

地　　　址：231 新北市新店區光明街 288 號 7 樓

電　　　話：(02) 29150566

傳　　　真：(02) 29152928

郵撥帳號：19293172　心理出版社股份有限公司

網　　　址：http://www.psy.com.tw

電子信箱：psychoco@ms15.hinet.net

排 版 者：李信慧

印 刷 者：辰皓國際出版製作有限公司

初版一刷：2018 年 3 月

初版二刷：2020 年 10 月

I S B N：978-986-191-816-7

定　　　價：新台幣 300 元